Workshop de Música Brasileira
Antonio Adolfo

Irmãos Vitale S.A. Indústria e Comércio
www.vitale.com.br
Rua França Pinto, 42 - Vila Mariana - São Paulo - SP
CEP: 04016-000 - Fone: 11 5081-9499 - Fax:11 5574-7388

Nº Cat.: 421-M

Copyright © 2013 by Antonio Adolfo
para a língua portuguesa

Editado em 2013 por Irmãos Vitale S.A Indústria e Comércio

Workshop de Música Brasileira
Antonio Adolfo

Milton Nascimento Foto de Soraya Venegas (Agência O Dia)

Créditos

Notação musical: Walter Gruber e Marcos Teixeira

Tradução: Denis Koishi e Danica Zugic

Revisão ortográfica: Marcos Roque

Editoração e produção gráfica: Marcos Teixeira

Design de capa: Traugott Bratic

Editoração da capa e finalização: Luciana Mello e Monika Mayer

Foto da contracapa: Frederico Mendes

Produção executiva: Fernando Vitale

Centro Musical Antonio Adolfo

Estudo intensivo de música para todos os instrumentos, incluindo harmonia, arranjo e composição. Aulas individuais e em grupo.

Centro Musical Antonio Adolfo
Leblon - Rio de Janeiro - RJ
Rua Almirante Pereira Guimarães, 72, cobertura
22440-005 - Rio de Janeiro - RJ - Brasil
Tels.: (21) 2239-2975 / 2274-8004

Barra da Tijuca - Rio de Janeiro - RJ
Avenida das Américas, 500, bl. 3, sala 215 - Downtown
22640-904 - Rio de Janeiro - RJ
Tels.: (21) 2494-5234 / 2494-6788

Site: www.antonioadolfo.mus.br
E-mail: cmaa@antonioadolfo.mus.br

Ficha catalográfica

CIP-BRASIL. CATALOGAÇÃO-NA-FONTE
SINDICATO NACIONAL DOS EDITORES DE LIVROS, RJ

A186w

Adolfo, Antonio, 1947-
   Workshop de música brasileira / Antonio Adolfo. - São Paulo : Irmãos Vitale, 2013.
   136 p.

   ISBN 978-85-7407-380-4

   1. Composição (Música) 2. Música popular - Brasil. I. Título.

13-1725.	CDD: 781.3
	CDU: 781.6

15.03.13 21.03.13   043576

Sumário

Lista de exemplos gravados	6
Introdução	11
Características da música brasileira	12
Considerações harmônicas e melódicas	14
Ritmo	17
Fundamentos básicos para o pequeno grupo (como combinar os elementos)	18
Estilos musicais e padrões rítmicos fundamentais brasileiros	20

Parte I: Estilos originados no Sudeste do Brasil

SAMBA E BOSSA-NOVA	22
• Música "Salve Salgueiro"	54
• Música "Alô, Tom Jobim"	55
SAMBA-FUNK E PARTIDO-ALTO	57
• Música "Samba-funk"	64
• Música "Partido leve"	65
CHORO	66
• Música "JP, saudações"	74
FRASEADO NO ESTILO SAMBA, SEUS DERIVADOS E CHORO	76
SAMBA-CANÇÃO	85
• Música "Copacabana 54"	92

Parte II: Estilos originados no Nordeste do Brasil

BAIÃO	94
• Música "Zabumbaia"	106
TOADA	107
• Música "Viola toada"	108
QUADRILHA	109
• Música "Caminho da roça"	112
XOTE	113
• Música "Caranguejo"	116
AFOXÉ E MARACATU (estilos afro-brasileiros)	117
• Música "Afoxé blues"	126
FREVO, MARCHA E MARCHA-RANCHO	127
• Música "1999"	132

Lista de exemplos gravados

Faixa	Exemplo musical	Nº da página
[1]	Chocalho: tocando a pulsação básica com acentos	17
[2]	Padrão rítmico fundamental no estilo binário simples	20
[3]	Típico grupo de gafieira	
[4]	Seção de percussão típica de uma escola de samba	
[5]	Progressões harmônicas em bossa-nova II - V (Dó Maior) tocadas no piano ou teclado	28
[6]	Progressões harmônicas em bossa-nova II - V (Dó menor) tocadas no piano ou teclado	28
[7]	Progressões harmônicas em bossa-nova V - I (Dó Maior) tocadas no piano ou teclado	29
[8]	Progressões harmônicas em bossa-nova V - I (Dó menor) tocadas no piano ou teclado	29
[9]	Bossa-nova, progressão estendida tocada no piano ou teclado	29
[10]	Levada nº 1 tocada no piano ou teclado em samba e bossa-nova (duas opções)	35
[11]	Levada nº 1 com variação tocada no piano ou teclado (duas opções)	35-36
[12]	Opção "a1" para piano ou teclado solo em samba e bossa-nova	36
[13]	Opção "a2" para piano ou teclado solo em samba e bossa-nova (arpejo)	37
[14]	Opção "a3" para piano ou teclado solo em samba e bossa-nova (descanso na melodia)	37
[15]	Opção "b" para piano ou teclado solo em samba e bossa-nova	37
[16]	Opção "c" para piano ou teclado solo em samba e bossa-nova	38
[17]	Opção de acompanhamento nº 1 para piano ou teclado em samba e bossa-nova	38
[18]	Opção para piano ou teclado tocando a linha da melodia ou improvisação	39
[19]	Piano ou teclado usando acordes no estilo "bloco"	39
[20]	Piano ou teclado junto com contrabaixo	40
[21]	Piano ou teclado junto com grupo (acompanhamento)	41
[22]	Levada nº 1 tocada no violão em samba e bossa-nova (duas opções)	42
[23]	Levada nº 1 com variação tocada no violão	43
[24]	Opção para violão ou guitarra solo em samba e bossa-nova (melodia no topo)	43
[25]	Opção para violão ou guitarra solo em samba e bossa-nova (arpejo)	43
[26]	Opção para violão ou guitarra solo em samba e bossa-nova (pausas)	43
[27]	Opção para violão ou guitarra solo em samba e bossa-nova (variação)	44
[28]	Opções para contrabaixo em samba e bossa-nova	45
	• Contrabaixo em samba e bossa-nova (quatro opções)	
	• Dois exemplos de samba usando *ghost notes*	
	• Linha do baixo para samba e bossa-nova	
[29]	Opções para a bateria em samba e bossa-nova (15 exemplos)	47-48
[30]	Instrumentos usados na pulsação básica em samba e bossa-nova	49
	• Pulsação básica tocada no chocalho	
	• Pulsação básica tocada no reco-reco	
	• Pulsação básica tocada no repique	
[31]	Levada nº 1 tocada no tamborim em samba e bossa-nova	50
[32]	Outras levadas típicas para tamborim, agogô e cuíca (7 exemplos)	50
[33]	Linhas do baixo originárias do surdo usadas em samba (6 exemplos)	51
[34]	Música "Salve Salgueiro" (tocada por todo o grupo)	54
[35]	Música "Olá, Tom Jobim" (tocada por todo o grupo)	55
[36]	Combinação de diferentes instrumentos tocando a levada nº 1 de samba-funk	58-59
[37]	Levada nº 2 tocada pela bateria em samba-funk	
[38]	Combinação de instrumentos diferentes tocando a levada nº 1 de partido-alto	60-62
[39]	Prato de condução e *hi-hat* enfatizando os acentos em partido-alto	63
[40]	Música "Samba-funk" (tocada por todo o grupo)	64
[41]	Música "Partido leve" (tocada por todo o grupo)	65
[42]	Progressão II - V tocada no violão de 7 cordas (choro)	67
	• Ascendente	
	• Descendente	

[43]	Progressão V - I tocada no piano ou teclado: duas possibilidades (choro)	67

- Outros clichês harmônicos de orientação clássica Im/3 etc.
- Progressão: I - VI7/3 - II7 - V7/3
- Progressão: Im - Im/7 - ♭VI - V7 - Im

[44]	Levada nº 1 tocada no piano ou teclado no estilo choro (três possibilidades)	69
[45]	Melodia ativa em estilo choro tocada no piano ou teclado	69-70
[46]	Melodia não ativa em estilo choro tocada no piano ou teclado, complementada com acentos	70
[47]	Levada nº 1 tocada no violão ou na guitarra em estilo choro (três possibilidades)	70
[48]	Acompanhamento harmônico tocado no violão ou na guitarra em estilo corta-jaca	71
[49]	Estilo choro tocado no contrabaixo	71
[50]	Diferentes maneiras de apresentar o estilo choro na bateria	72

- Levada nº 1
- Pulsação básica no estilo maxixe
- Uso de vassouras

[51]	Padrão básico do pandeiro usado no estilo choro	72
[52]	Música "JP, saudações" (tocada por todo o grupo)	74
[53]	Fraseado no estilo samba, seus derivados e choro	77-78

- Levada de um compasso (motivo dado e nove variações)

[54]	Fraseado no estilo samba, seus derivados e choro (parte 1)	79-80

- Levada de dois compassos (motivo dado e nove variações)

[55]	Fraseado no estilo samba, seus derivados e choro (parte 2)	82-83

- Variação nº 1
- Variação nº 2
- Utilização das possibilidades em partido-alto
- Outra possibilidade com o acento de partido-alto
- Semínimas sincopadas
- Primeira nota do compasso sendo antecipada com uma semínima
- Duas outras possibilidades

[56]	Levada combinada para piano ou teclado em samba-canção	89
[57]	Levada combinada para violão ou guitarra em samba-canção	89
[58]	Levada combinada para contrabaixo em samba-canção	90
[59]	Levada combinada para bateria em samba-canção	90
[60]	Acento da clave em samba-canção acompanhado pelo chocalho	90
[61]	Exemplo com melodia típica (samba-canção) usando mordentes	91
[62]	Música "Copacabana 54" (tocada por todo o grupo)	92
[63]	Grupo autêntico de baião (acordeon, triângulo e zabumba)	
[64]	Melodia semimodal típica tocada na viola de dez cordas	95
[65]	Combinação de acentos típicos no estilo baião tocados no piano ou teclado	98-99

- Acento típico
- Imitação do triângulo
- Tocando algumas notas da pulsação como *ghost notes*
- Utilização do estilo com acordes quebrados

[66]	Combinação de acentos típicos no estilo baião tocados no violão ou na guitarra	99-100

- Acento típico
- Imitação do triângulo
- Tocando algumas notas da pulsação como *ghost notes*
- Tocando o último tempo como *ghost notes*, abafando as cordas
- Com acento das *ghost notes* em local diferente

[67]	Combinação de acentos típicos no estilo baião tocados no contrabaixo	100-101

- Utilização das tríades em posição aberta
- Utilização das tríades em posição fechada
- Utilização da nona maior em vez da décima
- Utilização da quinta no lugar da terça no acorde dominante
- Duas variações

- Levada de dois compassos
- Levada de dois compassos com influência latina

[68] Levadas no estilo baião para bateria — 102
- Levada no estilo baião
- Imitação das levadas da zabumba e do triângulo
- Supressão de algumas notas da pulsação básica
- Distribuição da pulsação (duas opções)
- Adição de uma pulsação mais ativa (duas opções)
- Uso de *buzz notes*
- Acentos no *hi-hat* aberto ou cúpula do *hi-hat*

[69] Acento básico do *cowbell* em baião — 103
[70] Levadas de triângulo em baião — 103
- Acento no tempo forte
- Acento no tempo fraco

[71] Levada de triângulo em baião de andamento rápido — 103
[72] Padrão básico de chocalho usado em baião — 103
[73] Padrão básico de zabumba usado em baião — 103
[74] Fraseado típico no estilo baião — 104
- Baseado no acento da caixa (opção nº 1)
- Baseado no acento da caixa (opção nº 2)
- Baseado no acento típico do baião (opção nº 1)
- Baseado no acento típico do baião (opção nº 2)
- Supressão de algumas notas
- Acento nas semínimas

[75] Música "Zabumbaia" (tocada por todo o grupo) — 106
[76] Harmonia típica em toada tocada no piano ou teclado (duas opções) — 107
[77] Música "Viola toada" (tocada por todo o grupo) — 108
[78] Música "Caminho da roça" (tocada por todo o grupo) — 110
[79] Música "Caranguejo" (tocada por todo o grupo) — 116
[80] Combinação de levadas para piano ou teclado no estilo afoxé — 119
[81] Combinação de levadas para violão ou guitarra no estilo afoxé — 120
[82] Levadas típicas para contrabaixo usadas no estilo afoxé — 121
[83] Levadas nº 1 e nº 2 de afoxé para bateria — 121
[84] Conga e agogô no estilo afoxé — 122
[85] Variações de acentos — 122
- Para *hi-hat*
- Para triângulo

[86] Acento do maracatu tocado no agogô — 123
[87] Variações de maracatu para bateria (duas possibilidades) — 123
[88] Variação de maracatu para piano ou teclado — 123
[89] Levadas de maracatu tocadas no contrabaixo (quatro exemplos) — 124
[90] Levadas de zabumba usadas também para bateria no estilo maracatu (três exemplos) — 124
[91] Música "Afoxé blues" (tocada por todo o grupo) — 126
[92] Típica banda de frevo dos anos 1950
[93] Levada nº 1 tocada no piano ou teclado no estilo frevo — 129
[94] Combinação de levadas diferentes em frevo tocadas no violão ou na guitarra — 130
- Levada nº 1
- Uso de *strumming*
- Variação no tempo fraco

[95] Exemplos de levada de frevo para contrabaixo — 130
[96] Combinação de levada de frevo para bateria — 131
[97] Frevo tocado em instrumento de pulsação, acento e linha do baixo (surdo) — 131
[98] *Fills* de surdo no estilo frevo — 131
[99] Música "1999" (tocada por todo o grupo) — 132

Agradecimentos especiais

Adriano Giffoni, Antonio Santana, Beti Niemeyer, Cafi, Cesar Machado, Chico Pereira, Chris McGowan, Denilson Campos, Dom Chacal, Emerson Pirot, Graça Cazotti, Heber Fonseca, Ivaldo de Araujo Calheiros, Jack Cousineau, Januário Garcia, Jorge Moutinho, José Carlos Paz, Leonardo Dantas Silva, Marcio RM, Marcos Suzano, Meia Noite, Mocambo (Fábrica de Discos Rozenblit), Nelson Faria, Oscar Castro-Neves, Pascoal Meirelles, Pedro de Moraes, Ricardo Pessanha, Ricardo Silveira, Ron Wagner, Secretaria de Imprensa de Pernambuco, Wilton Montenegro, Zizinho.

As músicas e os exemplos musicais neste livro foram compostos e arranjados por Antonio Adolfo.

Os copyrights das obras musicais são de propriedade de Antonio Adolfo.
Observação: "Cavalo de pau" (Eugênio Fabrício) extraída do LP nº 60070. Copyright usado sob permissão (cortesia de Mocambo, Fábrica de Discos Rozenblit).

Gravado no Discover Digital Studios e Chorus Studios, Rio de Janeiro, RJ, Brasil
Engenheiros: Guilherme Reis (Discover), Marcos Caminha (Chorus)
Masterização: Denilson Campos
Produção: Antonio Adolfo

Músicos que participaram das gravações

Antonio Adolfo (piano / teclado / composição / arranjos)

Nelson Faria (violão e guitarra)

Zé Carlos (violão e guitarra)

Adriano Giffoni (contrabaixo)

Pascoal Meirelles (bateria)

Cesar Machado (bateria)

Dom Chacal (percussão)

Zizinho (percussão)

Introdução

O Brasil é um país tão rico em cultura quanto em recursos naturais. Nossa música, influenciada, principalmente, pela Europa, África, América do Norte e pelos indígenas nativos, possui uma infinidade de estilos.

O foco deste livro são alguns dos estilos musicais mais representativos da música brasileira, tais como: samba, bossa-nova, samba-funk, partido-alto, choro, samba-canção, baião, toada, quadrilha, xote, maracatu, afoxé e frevo.

Será feita uma abordagem dos estilos acima, com suas características gerais, harmonia, ritmo, *levadas*,[1] fraseado, ornamentação, considerações melódicas e estilísticas, bem como serão disponibilizadas diversas dicas. Apesar de apresentar conceitos e exemplos importantes para qualquer músico (principalmente o instrumentista, o compositor e/ou o arranjador), é possível afirmar que os instrumentistas de pequeno grupo, tais como o pianista/tecladista, o violonista/guitarrista, o contrabaixista, o baterista, o percussionista, bem como os que se dedicam a instrumentos utilizados nos estilos choro, como o cavaquinista, o bandolinista etc. ou baião, como o acordeonista, por exemplo, serão, certamente, os maiores beneficiados, já que os exemplos são, em sua maioria, destinados diretamente a estes. Importante considerar que até mesmo nós, brasileiros, carecemos, muitas vezes, de conhecimento, ou melhor, capacidade de desempenho mais aprofundado quando o assunto é música brasileira. Portanto, este livro é indicado para nos ajudar a obter maior aprofundamento na nossa música. As explicações são acompanhadas de exemplos escritos e gravados.

De grande importância considerar que a música brasileira, assim como a de outros países hoje em dia, mesclou-se com diversos estilos. E isso, acreditamos ser irreversível. Os diferentes países exportam elementos de sua música da mesma forma que importam de outras culturas. Um bom exemplo que ocorre aqui são os fraseados blues e as baladas em 12/8 que encontramos em algumas músicas de nosso cancioneiro, em que certos elementos importados mesclam-se para criar novas características e novos estilos derivados dessas diferentes combinações. Assim, também, não dá para negar a fusão com o pop, o jazz e a música de distantes culturas. Por outro lado há bastante evidência da força de nossa música popular, ao constatarmos que outras culturas já incorporaram fartamente elementos brasileiros em suas músicas. Exemplo disso são as síncopes encontradas na música pop atual, que foram, certamente, importadas da música latina e/ou da música brasileira.

Antonio Adolfo

---

[1] Expressão/gíria empregada por músicos e significa padrão rítmico, condução rítmica, batida.

Características da música brasileira

Quando pensamos em música brasileira diferentes características podem ser observadas, tais como:

- Variedade enorme de estilos musicais.

- Linhas melódicas que vão desde muito simples a muito sofisticadas.

- Harmonia tonal e harmonia modal sofisticadas que complementam todos os tipos de melodias.

- Fraseado típico.

- Riqueza rítmica ímpar.

- Instrumentação e orquestração típicas para diferentes estilos.

Antonio Carlos Jobim

Foto de Wilton Montenegro

Considerações harmônicas e melódicas

O mercado está repleto de excelentes livros sobre o assunto, logo, nosso foco não será o ensino da harmonia, nem como formar acordes ou como tocar progressões. Portanto, não nos aprofundaremos nesses assuntos.

Nossa intenção é mostrar, nos diferentes tópicos, os acordes mais usados, as sequências harmônicas, assim como as substituições de acordes usadas em estilos específicos.

Como a abordagem deste livro traduz fielmente o pensamento do instrumentista e do arranjador, as considerações apresentadas também podem ser estudadas por todos os músicos.

A melodia no topo do acorde: essa é a forma mais eficiente de tocar música brasileira como um violonista/guitarrista ou pianista/tecladista solo e apresentar todos os elementos musicais: melodia, harmonia, pulsação e linha do baixo.

Inversões: deveremos estar aptos a formar qualquer acorde em todo o tipo de inversão.

Transposição de tom: deveremos estar aptos a tocar, de preferência, em qualquer tom.

Cada acorde sugere um modo (escala) e vice-versa: de grande importância ter conhecimento perfeito do uso dos modos (escalas). Isso ajuda em estilos em que a harmonia desempenha o papel mais importante.

As progressões mais usadas na música brasileira são: II - V, V - I e I - IV, mesmo que sob outra aparência. Também são encontradas, vez por outra, canções modais e semimodais, geralmente nos estilos originados no Nordeste do Brasil.

Estilos que apresentam harmonia sofisticada: bossa-nova, toada e samba-canção, por exemplo, utilizam harmonia mais sofisticada. No entanto, qualquer outro estilo também pode apresentar essa sofisticação.

Substituição de acorde: serão apresentadas algumas possibilidades mais usadas para alguns estilos.

Ornamentos: os ornamentos típicos da música brasileira enriquecem os solos. Os mais utilizados são a *appoggiatura* e o mordente.

Caetano Veloso Foto de Beti Niemeyer

Djavan — Foto de Marcio RM

Ritmo

Quando tocamos música brasileira, pensamos automaticamente em uma pulsação básica (colcheia ou semicolcheia, dependendo do denominador da fórmula de compasso) e em acentos sincopados. Um dos segredos para se conseguir um bom resultado está na distribuição dos acentos.

A fórmula de compasso mais usada é o 2/4.[2] Existem alguns estilos escritos em 4/4, como o frevo, a quadrilha, o xote e as músicas em andamento lento. A fórmula de compasso 3/4 pode ser encontrada em valsas (valsa brasileira) e em músicas com influência paraguaia (guarânias). Estas últimas são tocadas, predominantemente, no estado de Minas Gerais e no Centro-Oeste do Brasil.

Tem-se, em cada compasso, basicamente uma pulsação que consiste em colcheias ou semicolcheias, dependendo do compasso utilizado:

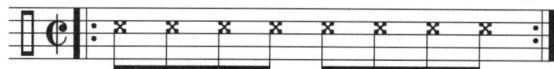 ou

Se forem adicionados alguns acentos à pulsação básica, soará bastante diferente. Por exemplo, no estilo baião:

Em estilos como choro e frevo, em que a pulsação melódica é bastante ativa, ela também pode determinar a harmonia. Considerando o ritmo em geral, o que torna um estilo diferente do outro é a distribuição dos acentos.

Instrumentos de percussão

São divididos em três categorias:
1. PULSAÇÃO: os que tocam a pulsação básica.
2. ACENTO: os que lidam, basicamente, com os diferentes acentos, dependendo do estilo musical.
3. EFEITO: os que, como o nome indica, agem independentemente dos outros e somente em situações específicas.

Exemplos de instrumentos de percussão de pulsação: chocalhos (ganzá, caxixi) e triângulo.
Exemplos de instrumentos de percussão de acento: tamborim, clave, agogô, cuíca, reco-reco, *cowbell,* caixeta e surdo.
Exemplos de instrumentos de efeito: carrilhão de vento (*wind chime*) e pau de chuva.
Por vezes, entretanto, um instrumento basicamente de pulsação pode enfatizar um acento:

Faixa 1

Chocalho (ganzá)

Da mesma forma, instrumentos de acento podem atuar em alguns compassos como instrumentos de pulsação, ou mesmo alguns instrumentos de pulsação ou acento podem agir momentaneamente como instrumentos de efeito.

Há também instrumentos de percussão tipicamente híbridos como, por exemplo, o pandeiro, que toca ao mesmo tempo a pulsação, o acento e até mesmo o acento da linha do baixo.

---

[2] Por ser de utilização mais universal, adotamos neste livro, em vez de 2/4, o compasso 2/2 (¢).

Fundamentos básicos para o pequeno grupo (como combinar os elementos)

Por ser este livro dedicado, principalmente, ao pequeno grupo, formado por piano/teclado, violão/guitarra, contrabaixo, bateria e percussão, além dos instrumentos típicos encontrados em alguns estilos, como o choro e/ou o baião, as dicas apresentadas neste capítulo servirão e deverão ser empregadas, também, a todos os estilos musicais abordados. Caso o estudante possua conhecimentos suficientes sobre este tópico, poderá passar para o próximo ("Estilos musicais e padrões rítmicos fundamentais brasileiros") - página 20.

Veja agora os fundamentos básicos para piano ou teclado, violão ou guitarra, contrabaixo, bateria e percussão. O aprimoramento ideal virá, entretanto, depois que o músico tiver consciência total dos quatro padrões rítmicos básicos: pulsação básica, acento, linha do baixo e/ou baixo simplificado. Quer tocando sozinho ou em grupo, esses elementos rítmicos devem estar presentes.

Observe a apresentação de cada um deles e de como podem ser representados:

- PULSAÇÃO: instrumentos de percussão de pulsação como chocalhos, pratos, *hi-hats*.
- ACENTO: instrumentos de percussão de acento, caixa, aro da caixa (*rimshot*), tons, piano ou teclado (mão direita ou ambas as mãos ao tocar em blocos), violão ou guitarra.
- ACENTO DA LINHA DO BAIXO: contrabaixo, bumbo, surdo e zabumba.
- ACENTO DA LINHA SIMPLIFICADA DO BAIXO: mão esquerda do pianista/tecladista, polegar do violonista/guitarrista, pedal do organista.

Importante lembrar que essa é apenas uma distribuição básica das partes rítmicas em um grupo. Assim como os instrumentos de percussão podem mudar de papel, por exemplo, de acento para pulsação ou efeito, outros instrumentos no grupo também podem assumir diferentes aspectos rítmicos. Devemos sempre nos conscientizar do papel que estamos desempenhando e de sua relação com os outros músicos e seus papéis. Isso é essencial para tocar, não somente música brasileira, mas atuando dentro de um grupo (conjunto ou orquestra). Deveremos dominar os aspectos básicos e ouvir continuamente as gravações. De forma rápida, perceberemos que estamos aprendendo mais "truques" e, até mesmo, descobriremos outros por conta própria.

Observemos alguns exemplos úteis.

1.1 Duo formado por piano ou teclado e violão ou guitarra: possibilidade A

Se o violão (ou a guitarra) tocar a linha melódica ou improvisação, o pianista/tecladista deverá usar a mão direita pulsando com acordes em posição fechada no registro médio, tocando os acentos de acordo com o estilo. A mão esquerda, dependendo do estilo, deverá tocar o baixo ou a linha simplificada do baixo.

1.2 Duo formado por piano ou teclado e violão ou guitarra: possibilidade B

Se o violão (ou a guitarra) estiver acompanhando e o pianista/tecladista estiver tocando a melodia ou improvisação, este último deverá usar as mãos da seguinte forma: mão direita tocará a melodia nos registros médio e agudo. Mão esquerda tocará acordes em posição fechada no registro médio, pulsando ou acentuando quando a melodia descansar. Podemos observar que o violonista/guitarrista tocará uma combinação de pulsos e acentos, incluindo a linha simplificada do baixo. Assim, o pianista/tecladista não precisa se preocupar com essa situação.

2. Duo formado por piano ou teclado e contrabaixo

A situação mais comum é o contrabaixista tocar a linha do baixo e o pianista/tecladista tocar o solo com a mão direita, e os acordes em posição fechada na mão esquerda, tocando a pulsação básica e/ou o acento predominantemente nas pausas.

3. Grupo formado por piano ou teclado, violão ou guitarra, contrabaixo, bateria e percussão

Vejamos uma situação diferente: melodia ou improvisação sendo tocada pelo contrabaixo em seu registro médio/agudo. Necessário decidir, nesse caso, quem tocará o acompanhamento, normalmente desempenhado pelo baixo. Digamos que o violonista/guitarrista desempenhe esse papel. O pianista/tecladista deve então pulsar em acordes em bloco, tocando alguns acentos de acordo com a música, principalmente quando o contrabaixista repousar por curtos momentos durante o solo. O baterista e o percussionista desempenharão normalmente seus papéis de pulsação, acento e linha rítmica do baixo prestando atenção para não sobrecarregar nenhuma área do registro e, ao mesmo tempo, permitir que o contrabaixo seja suficientemente ouvido.

4. Trio formado por piano ou teclado, violão ou guitarra e saxofone

Esta é outra situação interessante, já que, a princípio, o saxofonista pode apresentar basicamente o elemento melodia. Os elementos restantes, bem como os parâmetros rítmicos, podem ser apresentados de formas diferentes: o pianista/tecladista toca a pulsação de forma intensa e alguns acentos em acordes em bloco, enquanto o violonista/guitarrista toca a linha melódica do baixo e a pulsação, ou o violonista/guitarrista toca a pulsação e alguns acentos enquanto o pianista/tecladista toca a linha melódica do baixo e alguma pulsação. Em ambos os casos, os músicos devem ter certeza de tocar em diferentes registros e deixar algum espaço para os outros e também para o solista. Por exemplo: o pianista/tecladista toca a linha do baixo e a pulsação, ao passo que o violonista/guitarrista toca os acentos e o solista descansa. Uma alternativa é um deles tocar acordes arpejados sem a pulsação, enquanto o outro toca a pulsação, o acento e a linha simplificada do baixo.

Como visto, existem diferentes combinações e ainda é possível encontrar outras, especialmente se considerarmos os sintetizadores. Desde que apresentemos os quatro elementos (melodia, harmonia, pulsação e linha do baixo), bem como os parâmetros rítmicos (pulsação, acento, linha do baixo e linha simplificada do baixo), diversas combinações podem ser válidas.

Importante lembrar que as características estilísticas brasileiras distintas devem ser empregadas.

Baden Powell
Foto de Wilton Montenegro

Antes de prosseguirmos com as levadas básicas para os diferentes estilos, veremos mais algumas dicas. Saibamos, contudo, que é de grande importância ouvir atentamente o que os outros músicos estão tocando.

Muito importante também o músico pensar como um arranjador contemporâneo, ciente dos avanços estilísticos e tecnológicos no campo da música. Essa é a tendência atual.

Consideremos as características típicas da música brasileira abordadas no início deste livro e tenhamos consciência do papel de cada um dentro do grupo.

As levadas apresentadas neste livro representam somente o básico.

Procuremos sugestões e exemplos dados aos diferentes instrumentistas ao longo dos tópicos. Depois de dominar totalmente as levadas básicas, poderemos criar levadas próprias, de forma não repetitiva.

Devemos compreender os ritmos brasileiros e o papel desempenhado pelos instrumentos de percussão. Devemos ouvir boas gravações e bons músicos.

Baseando-se em nossas habilidades técnicas e conhecimento, poderemos encontrar as melhores soluções.

Estilos musicais e padrões rítmicos fundamentais brasileiros

Seria praticamente impossível abordar todos os estilos brasileiros em apenas um livro. Nossa intenção, como dito anteriormente, é apresentar os principais estilos e seus derivados tradicionais mais importantes. Trataremos somente de alguns estilos que se originaram no Sudeste e no Nordeste do Brasil. Do Sudeste, temos o samba e seus derivados (bossa-nova, samba-funk e partido-alto), choro e samba-canção. Do Nordeste, temos o baião e seus derivados (toada, quadrilha e xote) e o frevo, o que inclui a marcha e a marcha-rancho. Os estilos afro-brasileiros do Nordeste, como o afoxé e o maracatu, também foram incluídos.

Com a fácil compreensão dos estilos apresentados neste livro, não teremos dificuldade em aprender um ou mais novos estilos.

Padrões rítmicos fundamentais em 2/2 (¢)

Os acentos usados, comuns a qualquer estilo rítmico brasileiro em compasso binário - como o samba, a bossa-nova, o samba-funk, o partido-alto, o choro e o baião - são chamados de padrões rítmicos fundamentais. Esses acentos são sempre úteis e bem-vindos, e devem ser praticados.

Faixa 2

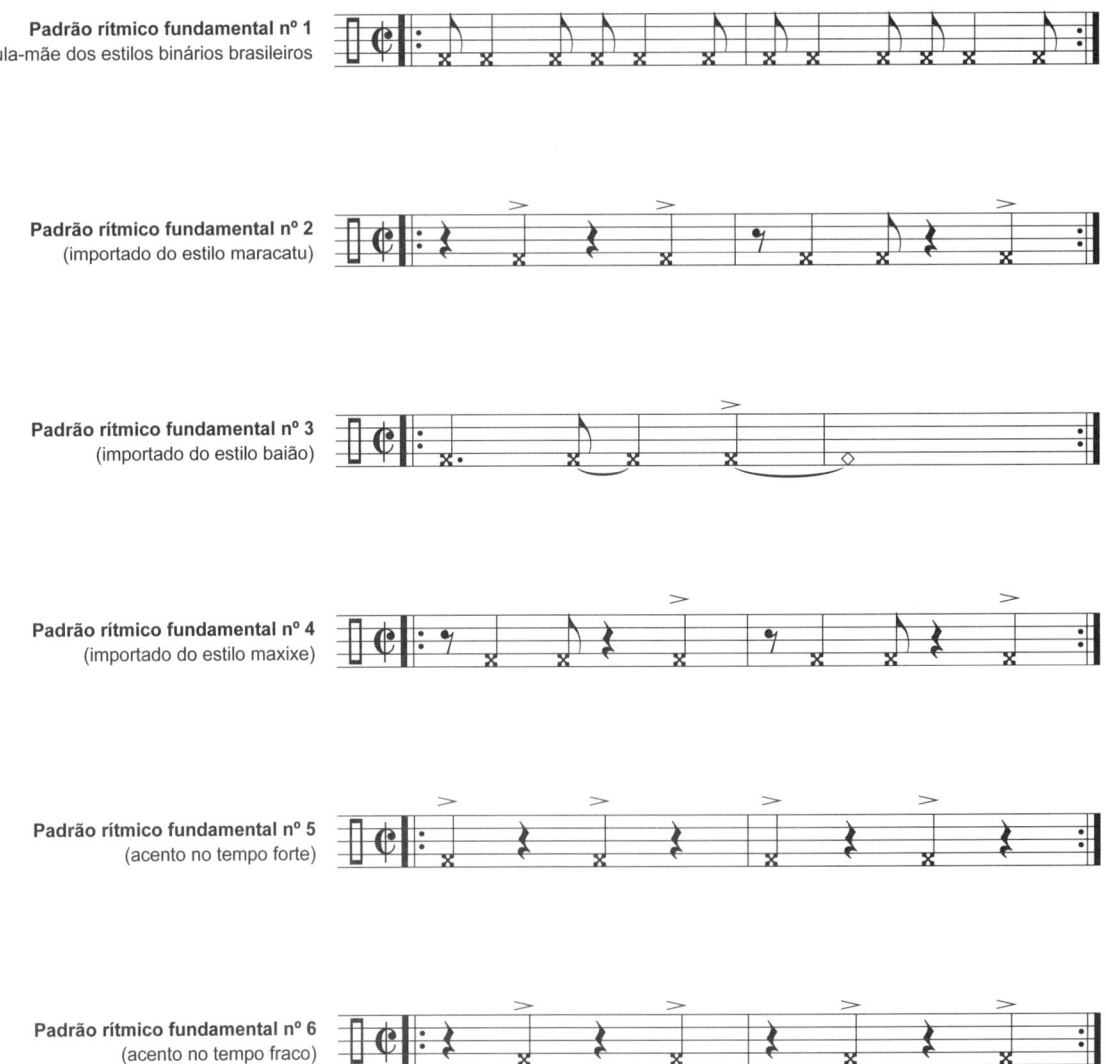

Padrão rítmico fundamental nº 1
Célula-mãe dos estilos binários brasileiros

Padrão rítmico fundamental nº 2
(importado do estilo maracatu)

Padrão rítmico fundamental nº 3
(importado do estilo baião)

Padrão rítmico fundamental nº 4
(importado do estilo maxixe)

Padrão rítmico fundamental nº 5
(acento no tempo forte)

Padrão rítmico fundamental nº 6
(acento no tempo fraco)

Observação: evitar subdividir contagem de dois tempos para quatro quando tocar música brasileira em compasso binário.

PARTE I
Estilos originados no Sudeste do Brasil

Vinicius de Moraes *(um dos mais importantes poetas/letristas brasileiros)*   Foto de Chico Pereira

Samba e bossa-nova

Samba

Influenciado pelos africanos que chegaram ao Brasil no século XVIII, o samba é o estilo mais popular entre os brasileiros. É uma combinação de dança, canto e execução musical nos diferentes instrumentos.

Há diversas teorias sobre onde teria nascido, mas tudo leva a crer que nasceu simultaneamente no Rio de Janeiro e na Bahia, onde a maioria dos habitantes de origem africana vivia.

Embora popular, o samba é um dos estilos musicais mais sofisticados devido a seu ritmo predominantemente sincopado. Há grandes compositores brasileiros de samba, como Paulinho da Viola, Martinho da Vila, Monarco, Arlindo Cruz, Diogo Nogueira, Dudu Nobre e Chico Buarque, para citar apenas alguns.

No Brasil, o samba é comumente tocado por músicos pertencentes a diferentes classes sociais. É tocado durante o carnaval por grandes grupos (escolas de samba) e por grupos formados apenas por percussão e instrumentos de sopro. Muito popular ainda entre músicos de jazz (jazz-samba ou samba-jazz). Vejamos a seguir a formação dos grupos mais encontrados em samba.

Samba de terreiro
Tipo de samba tocado e cantado por grupos formados, em sua maior parte, pela percussão: atabaques (congas), pandeiro, tamborim, repique etc. e por cantores e dançarinos. Instrumentos harmônicos, com exceção do violão, não são muito usados. Esse tipo de grupo é mais frequentemente encontrado na Bahia e no Rio de Janeiro.

Pagode
Originário da zona norte do Rio de Janeiro. Pequenos grupos se reúnem, geralmente durante horas do dia ou da noite, para tocar e cantar sambas com letras que podem apresentar diferentes temas e que desempenham papel importante. Esses grupos usam instrumentos como violão, tamborim, cavaquinho, pandeiro, chocalhos de diferentes tipos e surdo. Em algumas situações, o violão de 7 cordas também é incluído.
Vejamos como os elementos são, basicamente, distribuídos:

- MELODIA: executada pelos vocalistas ou qualquer instrumento solista.
- HARMONIA: tocada pelos violões e cavaquinho.
- RITMO (pulsação básica): pandeiro, chocalhos e cavaquinho; (acento): pandeiro, violões, cavaquinho e tamborim.
- LINHA MELÓDICA DO BAIXO/LINHA SIMPLIFICADA DO BAIXO: violão de 7 cordas, surdo e o polegar do violonista.

Gafieira

[Faixa 3]

Nome dado a escolas de dança que praticam estilo próprio. É também um nome usado para festas dançantes de samba da classe média, em que se dança em pares (geralmente nas noites dos fins de semana). O grupo tradicional de gafieira é baseado na seguinte instrumentação: piano ou teclado, guitarra, contrabaixo, bateria, percussão (pandeiro, chocalhos e tamborim) e normalmente um ou dois instrumentos de sopro (trompete e trombone ou saxofone e trombone). O trombone, tanto o de vara quanto o de pistons, é um instrumento típico usado nessas festas e apresenta características de fraseado bem próprias. Bons trombonistas, muitas vezes, são treinados em gafieiras. Muitas dessas festas ainda acontecem no centro ou na zona norte do Rio de Janeiro, ou em alguns bairros de São Paulo. Os músicos, normalmente, improvisam, mas sem perder as qualidades dançantes do samba, que é o ritmo principal desses eventos. Infelizmente, essas festas não são mais tão comuns nos dias de hoje.

Samba-choro

É um tipo de samba tocado com a instrumentação básica usada no estilo choro: flauta, cavaquinho, bandolim, violão, violão de 7 cordas e pandeiro, complementado com surdo, bateria, chocalhos e contrabaixo. Apresenta característica mais instrumental, o que também o faz soar diferente do pagode.

Os elementos musicais são, basicamente, distribuídos da seguinte forma:

Paulinho da Viola com seu cavaquinho — Foto de Wilton Montenegro

- MELODIA: tocada pela flauta ou bandolim (algumas vezes pelo cavaquinho).
- HARMONIA: tocada pelos violões, cavaquinho e, algumas vezes, pelo bandolim.
- RITMO (pulsação básica): pandeiro, chocalhos, cavaquinho, *hi-hats*, pratos; (acento): cavaquinho, violões, pandeiro, aro da caixa (*rimshot*).
- LINHA DO BAIXO: contrabaixo e bumbo.

Escolas de samba

Faixa 4

O carnaval no Rio de Janeiro ou em São Paulo é a mais popular celebração do samba. Os grupos - chamados de escolas de samba - dançam, cantam e tocam durante o desfile de carnaval. Originalmente, incluía somente o ritmo e a melodia (na voz dos cantores). Atualmente, as escolas de samba podem incluir cavaquinho, violão de 7 cordas e, algumas vezes também, o contrabaixo. Embora sejam grupos, principalmente, de percussão, as sessões rítmicas das escolas de samba podem servir como guias e modelos para os pequenos grupos de samba que tocam em bailes, e que incluem piano ou teclado, violão ou guitarra, contrabaixo, bateria e instrumentos de sopro. As escolas de samba podem ser até mesmo consideradas influências para estilos derivados, como a bossa-nova. O grupo clássico de escola de samba é, normalmente, formado por uma grande seção de percussionistas (normalmente, pode chegar a mais ou menos 350), composta pela seção de pulsação básica (diferentes chocalhos, reco-reco, caixa), acento (tamborim, frigideira, agogô, repique ou repenique e apito) e linha rítmica do baixo (surdos de diversos tamanhos).

Desfile de carnaval das escolas de samba — Foto de Wilton Montenegro

Bossa-nova

A bossa-nova surgiu a partir da reunião de músicos e grupos musicais originários da classe média e média alta no final dos anos 1950 e ainda permanece bastante atual. Basicamente, apresenta harmonia influenciada pelo jazz e simplificação rítmica da "batida" em comparação com o samba. Mesmo assim, os dois estilos usam levadas rítmicas bem semelhantes.

O estilo harmônico usado pelo estilo bossa-nova foi introduzido por compositores e músicos importantes do período. Entre eles, Tom Jobim, Carlos Lyra, Johnny Alf, Sérgio Ricardo, Roberto Menescal, João Donato, João Gilberto e Oscar Castro-Neves.

Gravações brasileiras do início dos anos 1960 de Tom Jobim, João Gilberto, bem como de outros expoentes do movimento - vide acima - merecem especial atenção. Existem ainda excelentes discos contemporâneos de bossa-nova, de diferentes cantores, compositores e grupos musicais, como Leila Pinheiro, Lisa Ono, Joyce Moreno, Jane Duboc, entre outros. Há de se considerar também os vários desdobramentos e, até mesmo, cantoras como Bebel Gilberto, por exemplo, que fazem hoje em dia uma bossa-nova de características mais atuais mesclando as levadas tradicionais com grooves eletrônicos.

Um dos segredos para se tocar bossa-nova está no seu som suave.

Roberto Menescal Foto de Chico Pereira

Bossa-nova e samba

Importante entender que, recentemente, os padrões rítmicos da bossa-nova foram incorporados ao samba e vice-versa. Pode-se encontrar bossa-nova sendo tocada com algum tipo de orquestração de samba e daí por diante.

Do ponto de vista moderno, em que a fusão está sempre presente, a sensação é a de que não existe muita diferença entre esses dois estilos. O acento, os padrões rítmicos e o fraseado utilizado no samba podem ser aplicados à bossa-nova, prestando-se atenção às características exclusivas de cada estilo. O mesmo pode ser feito da bossa-nova ao samba.

Observemos adiante características que podem ser notadas em cada um dos dois estilos.

O samba é um estilo com som mais vibrante e acentos mais intensos. Um estilo básico, mais percussivo e mais popular com muitos derivados, harmonia menos sofisticada e uma instrumentação típica, conforme apresentada anteriormente.

A bossa-nova apresenta um som mais suave, inclusive na maneira de cantar, acentos dinâmicos mais sutis, enfim, um estilo, em grande parte, derivado do samba, porém, menos percussivo, orientado para harmonia e com influência jazzística dos anos 1950.

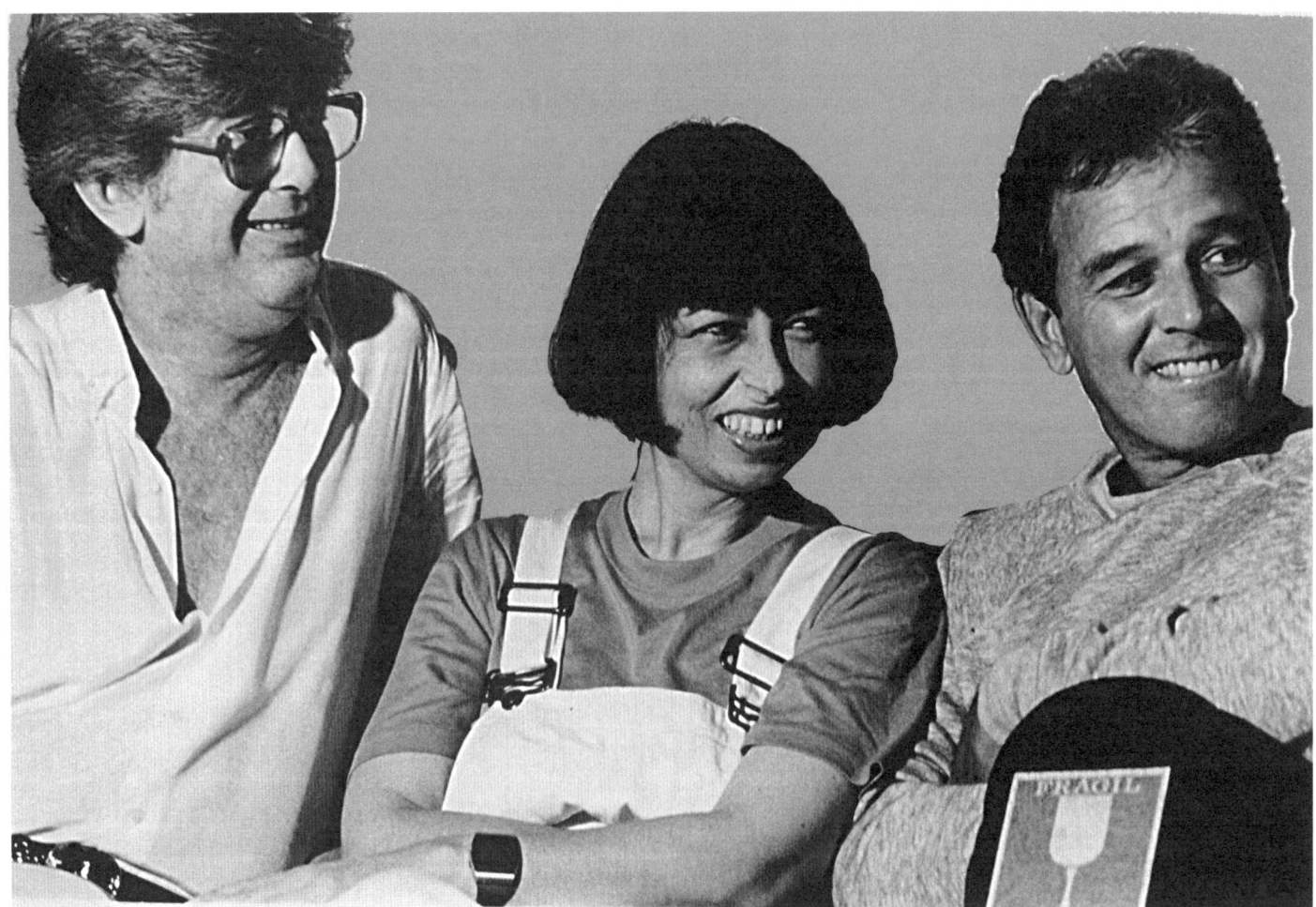

Luiz Eça, Nara Leão e Carlos Lyra Foto de Marcio RM

Orquestração para samba

Devido à grande quantidade de estilos derivados do samba, sua orquestração pode variar bastante. Assim, é possível encontrar sambas tocados por uma enorme variedade de grupos, desde uma escola de samba a uma *big band* (incluindo até mesmo seção de cordas), por grupos de samba-jazz aos grupos citados nos tópicos anteriores. Deve-se, no entanto, acrescentar a percussão típica.

Orquestração para bossa-nova

As orquestrações para bossa-nova são tipicamente baseadas em grupos formados por piano, violão ou guitarra, contrabaixo, bateria (usando vassourinhas e, algumas vezes, vassourinhas e baquetas) e percussão (clave, tamborim e chocalhos).

Algumas vezes, o vibrafone pode ser acrescentado (talvez como influência do quinteto de George Shearing, muito popular entre os músicos brasileiros da década de 1950) e flauta. Há também seção de cordas em muitas gravações. Importante ouvir orquestrações de Tom Jobim, Eumir Deodato, Claus Ogerman, entre outros.

O samba apresentava originalmente uma harmonia bastante simples, que utilizava tríades e tétrades.

Vejamos algumas das suas progressões básicas:

I - V - I
II - V - I
I - II - III
IV - IVm - IIIm - VI7 - II7 - V7 - I

Muito da sofisticação harmônica existente nesse estilo foi influenciada pela bossa-nova.

Vejamos alguns acordes típicos usados no estilo bossa-nova:

$\frac{6}{9}$ (sexta e nona)

m$\frac{6}{9}$ (menor com sexta e nona)

7M(9) (sétima maior e nona)

$\frac{6}{9}$/5 (sexta e nona com a quinta no baixo)

acordes com baixo alterado (ou alternativo)

7(13) (sétima e décima terceira)

Observação: a linha melódica é importante para decidir quais acordes devem ser usados.

Cifragens de acordes encontradas neste livro:

7M (acorde de sétima maior).   Ex.:   C7M
m7 (acorde menor com sétima).   Ex.:   Cm7
m7(♭5) (acorde meio diminuto).   Ex.:   Cm7(♭5)
° (acorde diminuto).   Ex.:   C°

Faixa 5

II - V tons maiores (incluindo técnicas de substituição de acordes)

Progressão				Exemplo em Dó Maior			
IIm7		V/3 (com terça no baixo)		Dm7		G/B	
IV7M		V/7 (com sétima no baixo)		F7M		G/F	
VIm6		♭VI° ou ♭VIm6		Am6		A♭° ou A♭m6	
II7		♭II7(9) ou ♭9 ou #9		D7		D♭7(9) ou ♭9 ou #9	
IIm7(9)		V7(13)		Dm7(9)		G7(13)	
II7(13)	II7(♭13)	IIm7	V7(♭9)	D7(13)	D7(♭13)	Dm7	G7(♭9)
IIm7		IVm6		Dm7		Fm6	
#IVm7(♭5)		IVm6		F#m7(♭5)		Fm6	
IIm7		♭II7M		Dm7		D♭7M	
IV7M		♭VII7(9)		F7M		B♭7(9)	
II7/5		♭VI° ou ♭VIm6		D7/A		A♭° ou A♭m6	
V$^7_4$		V/7		G$^7_4$		G/F	
II7(9)		IIm7(9)		D7(9)		Dm7(9)	
II7/3		IVm6		D7/F#		Fm6	
IIm7(9)		V7(♭13)		Dm7(9)		G7(♭13)	
IIm7(11)		♭II7(#11)		Dm7(11)		D♭7(#11)	
II/7		V/3		D/C		G/B	

Mais algumas possibilidades:
Para II: ♭VI7(#11), IIm7M, IVm6
Para V: IIm6, II°

Faixa 6

II - V tons menores

Progressão		Exemplo em Dó menor	
IIm7(♭5)	V7(♭13)	Dm7(♭5)	G7(♭13)
♭VI7(#11)	V7($^{#9}_{♭13}$)	A♭7(#11)	G7($^{#9}_{♭13}$)
IIm7($^{♭5}_9$)	V7($^{♭9}_{♭13}$)	Dm7($^{♭5}_9$)	G7($^{♭9}_{♭13}$)
IIm7($^{♭5}_9$)	V7($^{#9}_{♭13}$)	Dm7($^{♭5}_9$)	G7($^{#9}_{♭13}$)
IIm7(♭5)/♭5	V$^7_4$(♭9)	Dm7(♭5)/A♭	G$^7_4$(♭9)

Mais algumas possibilidades:
Para II: IVm6, ♭VI7M(#11)
Para V: ♭II7M(#11)

Faixa 7

V - I tons maiores

Progressão		Exemplo em Dó Maior	
V7(13)	I7M(#5) ou I$^6_9$	G7(13)	C7M(#5) ou C$^6_9$
V7(9)	I7M ou I$^6_9$	G7(9)	C7M ou C$^6_9$
V7($^9_{13}$)	I$^6_9$	G7($^9_{13}$)	C$^6_9$
bII7(9) (substituto para V7)	I7M	Db7(9)	C7M
V/7	I/3 ou I7M/3	G/F	C/E ou C7M/E
V7(9)	VI7M (alterando a sensação harmônica)	G7(9)	A7M
V7(9)	I°7M (alterando a sensação harmônica)	G7(9)	C°7M
bVIm6 (substituto para V7)	I$^6_9$/5	Abm6	C$^6_9$/G
bVIm6 (substituto para V7)	I7M	Abm6	C7M

Faixa 8

V - I tons menores

Progressão		Exemplo em Dó menor	
V7	Im7M	G7	Cm7M
V7	Im$^6_9$	G7	Cm$^6_9$
V7	Im$^6_9$/5	G7	Cm$^6_9$/G
V7($^{\#9}_{b13}$)	Im7(9)	G7($^{\#9}_{b13}$)	Cm7(9)
bVIm6 (substituto para V7)	Im$^6_9$/5	Abm6	Cm$^6_9$/G
VII° (substituto para V7)	Im7(9) ou Im6	B° (substituto para V7)	Cm7(9) ou Cm6
bII7(9) (substituto para V7)	Im$^6_9$	Db7(9)	Cm$^6_9$

Faixa 9

Progressão estendida

Progressão	Exemplo em Dó Maior
#IVm7(b5), IVm6, IIIm7, bIII°, IIm7, V7(b9), I$^6_9$	F#m7(b5), Fm6, Em7, Eb°, Dm7, G7(b9), C$^6_9$

Mais algumas progressões estendidas

Im7	VII°	bVII°	VI7(b13)					
IIm7	V7	III7(13)	III7(b13)	VI7(b13)	II7(13)	II7(b13)	V$^7_4$	I$^6_9$
I$^6_9$	bIII°	IIm7	V7(9)					
IIIm7	bIII7M	bVI7M	bII7M					
I$^6_9$	VII7(13)	bVII7M	VI7(b13)					

Observação: as progressões apresentadas também podem ter mais algumas variações, baseadas em substituição de acordes.

Levadas para samba e bossa-nova

Devemos ter em mente que os acentos rítmicos estão relacionados com a música dos percussionistas de samba. Padrões rítmicos comuns tocados por pianistas/tecladistas e violonistas/guitarristas imitam os instrumentos de percussão de acento. Quem toca a linha do baixo, seja o pianista/tecladista, violonista/guitarrista, contrabaixista ou baterista imita a parte do surdo. Um baterista habilidoso tocando samba pode imitar sozinho todo o conjunto de percussão: o aro da caixa (*rimshot*) representa o tamborim, o *hi-hat* passa a ser a imitação do chocalho, o bumbo combinado com o tom mais grave desempenha o papel do surdo. Se você estiver consciente do estilo, dos timbres e dos padrões rítmicos, a compreensão da música se tornará mais fácil, assim como também será mais fácil tocá-la.

Outras levadas e padrões rítmicos fundamentais também encontrados no maracatu são muito úteis no samba e na bossa-nova. Devemos nos lembrar sempre das características distintas do samba e da bossa-nova.

A sequência de levadas exposta neste livro não representa uma ordem de importância. Devemos praticá-las separadamente, assim como intercambiá-las. Toquemos as levadas com diferentes andamentos e tipos distintos de acordes. É importante lembrar que devemos enfatizar os acentos sempre que estiverem marcados.

A partir deste ponto, todas as levadas serão apresentadas da mesma forma, estampando apenas os quatro elementos rítmicos: pulsação básica, acento, linha do baixo e linha simplificada do baixo.

Levada nº 1

Levada nº 2

Para obterem bons resultados, os bateristas devem simplificar os acentos nas levadas nºs 2, 3 e 4.

Levada nº 3

Os acentos na levada nº 3 podem ser interpretados da seguinte maneira: com *ghost notes* tendo aproximadamente 30% do valor em relação às outras notas.

Levada nº 4

Os acentos na levada nº 4 podem ter a seguinte interpretação:

Levada nº 5

Levada nº 6

Levada nº 7

Levada nº 8

Levada nº 9

Levada nº 10

São acentos muito eficientes quando usados pela mão esquerda do pianista/tecladista para apoiar a melodia na mão direita.

Levada nº 11

Levada nº 12

Levada nº 13

Pulsação básica
Acentos

Linha do baixo
Linha simplificada do baixo

Levada nº 14

Pulsação básica
Acentos

Linha do baixo
Linha simplificada do baixo

Levada nº 15

Pulsação básica
Acentos

Linha do baixo
Linha simplificada do baixo

New Bossa

Levada nº 15a

Pulsação básica
Acentos

Linha do baixo
Linha simplificada do baixo

New Bossa invertida

Levada nº 16

Pulsação básica
Acentos

Linha do baixo
Linha simplificada do baixo

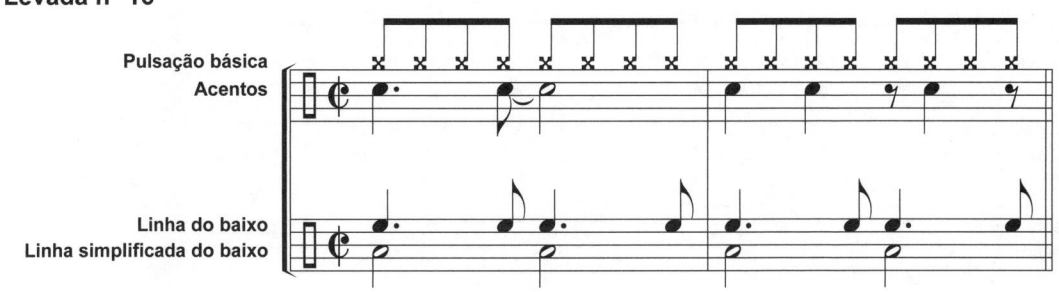

Levada nº 17

Levada nº 18

Levada nº 19

Levada nº 20

Demonstração de como a levada nº 1 deve ser interpretada pelos diferentes instrumentos

Este tópico aborda especialmente as diferentes possibilidades para cada instrumento. Muitas dessas possibilidades, porém, servem de referência para os distintos estilos musicais. **Sugerimos ao pianista/tecladista ou violonista/guitarrista que já dominar as técnicas e dicas apresentadas, que vá direto para o tópico seguinte: "Acentos", página 50.**

Piano ou teclado

As levadas devem ser interpretadas com acordes em posição fechada tocando-se os acentos com a mão direita. Esses acordes podem estar invertidos ou na posição fundamental. Com a finalidade de enfatizar os acentos da linha do baixo em samba, a mão esquerda deve tocar a linha simplificada do baixo da mesma forma que o surdo: (p) *piano* e *staccato* para a primeira colcheia, e *forte* (f) para a segunda nota (mínima). Entretanto, isso não significa que não seja possível combinar brevemente a linha simplificada do baixo com a linha do baixo. A primeira nota deve ser a fundamental do acorde. A segunda, em geral, deverá ser a quinta na oitava acima ou abaixo.[3] Enfim, utilizar o que melhor se adaptar. Em acordes que contenham quinta diminuta ou aumentada, isto é, meio diminuto, diminuto, sétima maior com quinta aumentada, a fundamental deve ser repetida ou tocada alternando-se a fundamental e a oitava (acima ou abaixo). Essa modalidade poderá ser adotada, sempre que possível, também por violonistas/guitarristas, assim como por contrabaixistas.

Consideremos, por exemplo, a levada nº 1 tocada pelo pianista/tecladista usando um acorde típico. Ela soará melhor se for tocada em uma oitava mais grave, imitando a levada do surdo.

Para garantir melhores resultados no samba e na bossa-nova é importante compreender o entrosamento entre o tamborim e o surdo.

Faixa 10

Na variação adiante, a mão esquerda combina a linha do baixo e a linha simplificada do baixo.

Faixa 10

Os acentos podem ser tocados em blocos, com ambas as mãos fazendo o mesmo ritmo. Nessa situação perde-se a linha simplificada do baixo, porém, se outro músico desempenhar essa função não há problema. Esse procedimento pode ser aplicado a qualquer outra levada.

Faixa 11

---

[3] Na oitava abaixo, a nota se assemelha mais ao surdo, o que proporciona melhor resultado.

Outra opção é tocar a pulsação básica com a mão esquerda e os acentos com a direita. Isso é eficiente apenas para andamentos lentos e médios.

Faixa 11

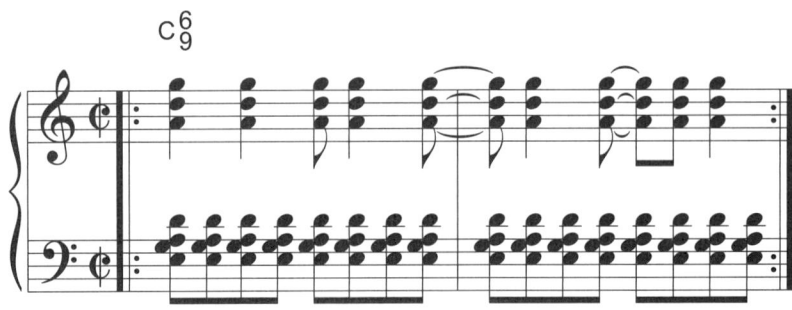

No entanto, para essa opção, os pulsos que não estejam acompanhados pelos acentos na mão direita não são tão importantes. Mesmo que alguns desses pulsos não sejam tocados (*ghost notes*) não haverá problema.

Outras opções para piano ou teclado, incluindo órgão, em samba e bossa-nova

Observação: quanto ao instrumento órgão, necessário considerar que o pedal (a pedaleira) pode ser sempre usado para executar a linha do baixo ou a linha simplificada do baixo.

Piano ou teclado solo

a) Mão direita: a melodia (registro médio agudo) no topo dos acordes.
Mão esquerda: linha simplificada do baixo. E pedaleira, se o instrumento for o órgão.

Comentário: a forma mais eficiente de tocarmos música brasileira utilizando modalidade solo com ritmo (samba, baião, frevo, choro etc.) em piano ou teclado, violão ou guitarra é quando a melodia está no topo do acorde (*chord melody*). É possível posicionar os acordes de forma que a melodia fique no topo.

Importante considerar: primeiro, a escolha das notas que serão apoiadas pelo acorde. Devemos chamar essas notas de "notas de apoio". A nota de apoio é a primeira nota referente a um acorde específico dentro do compasso. Segundo, na metade do compasso - também considerar as notas antecipadas através de síncope -, se a melodia avançar uma terça ou mais ainda sob a mesma harmonia haverá necessidade de apoiar a melodia novamente.

Observação: a aplicação dessa modalidade dependerá do nível de desempenho técnico do músico.

Faixa 12

---
[4] n.a. = nota de apoio.

Quando a melodia formar um arpejo, não haverá necessidade de complementar com acorde.

Faixa 13

[Notação musical: Bb° (Arpejo) — Am7]

Se a melodia pulsar continuamente, não será preciso complementá-la com a pulsação. Mas como as melodias, geralmente, repousam durante notas ou pausas de longa duração, sempre que isso ocorrer deve-se complementar com a pulsação utilizando as notas restantes da inversão.

Faixa 14

[Notação musical: D7M — Bb°]

Os organistas podem tocar essa pulsação usando a mão esquerda.
Um pianista/tecladista com maior conhecimento de harmonia e uma técnica bem desenvolvida poderá lidar perfeitamente com essa forma de tocar música brasileira, deixando a mão esquerda (no piano ou teclado) livre para enriquecer o baixo.

b)   Mão direita: linha melódica (registros médio e agudo).
Mão esquerda: acordes em posição fechada (registro médio grave) tocando a pulsação básica e o acento.
Comentário: como podemos observar no caso em tela, a linha do baixo está ausente.
Devemos consultar diferentes padrões rítmicos. Eventualmente, devemos procurar pelos mais simples, em especial para estilos mais difíceis, como o samba e a bossa-nova. O padrão rítmico acima é uma opção eficiente para organistas, já que a linha simplificada do baixo pode ser adicionada e a pedaleira também pode ser usada.

Faixa 15

[Notação musical: C$^6_9$ — Em7(b5) — A7(b13) — Dm7(9) — Bb7(9)]

c) Mão direita: linha melódica (mãos direita e esquerda juntas, se o instrumento for o órgão).
Mão esquerda: linha simplificada do baixo (pedaleira, se o instrumento for o órgão).

Faixa 16

Piano ou teclado junto com violão ou guitarra (acompanhamento)

Mão direita: acordes na posição fechada (registro médio) com pulsação/acento. A intensificação da pulsação dependerá do espaço deixado pelo violonista/guitarrista.
Mão esquerda: linha simplificada do baixo.

Opção para o órgão

Mão direita: acordes na posição fechada (registro médio) com pulsação/acento.

Mão esquerda: harmonia.

Pedaleira: linha simplificada do baixo.

Comentário: a pulsação pode ser mais ou menos enfatizada. Isso dependerá da duração das pausas do violão ou da guitarra. A mão esquerda (ou pedaleira, no caso do órgão) deve tocar a linha simplificada do baixo, de acordo com o estilo.

Faixa 17

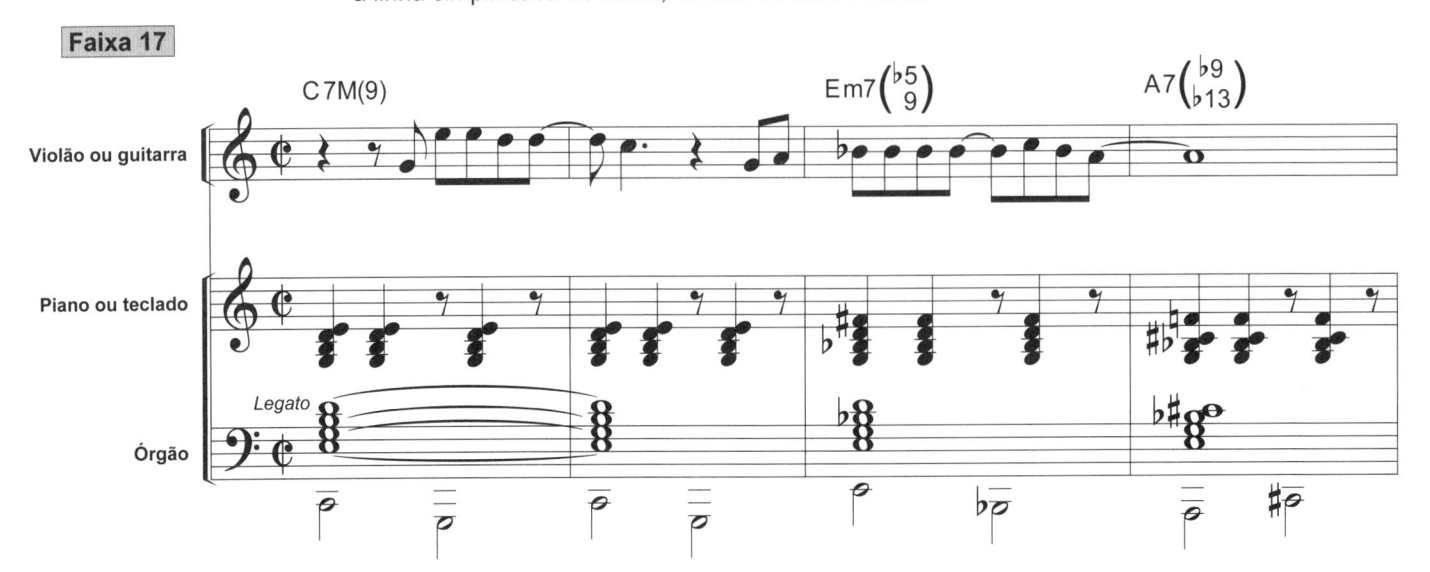

Piano ou teclado junto com violão ou guitarra (solo do piano ou teclado)

Mão direita: linha melódica ou improvisação (registros médio e agudo).

Mão esquerda: acordes na posição fechada (registro médio) com pulsação quando a melodia e improvisação repousarem (entre frases musicais).

Comentário: note-se que o violão (ou a guitarra) tocará uma pulsação contínua. Portanto, não há necessidade de preocupação com essa questão.

Os organistas devem adicionar a linha simplificada do baixo com a pedaleira.

Faixa 18

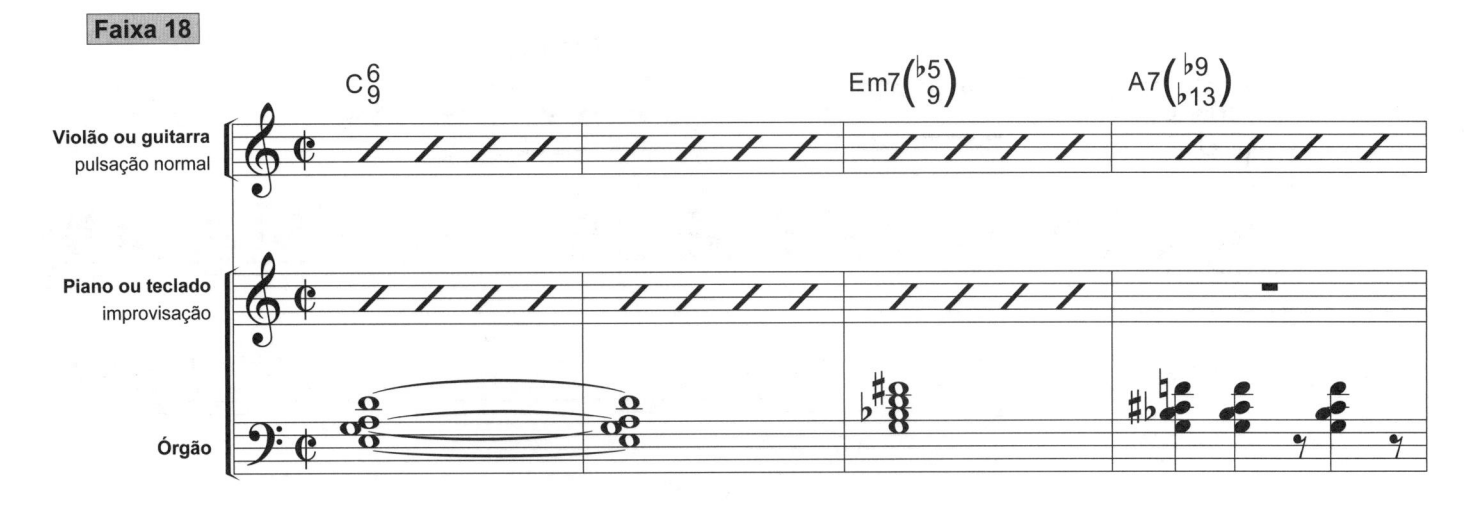

Pode-se tocar o solo ou a linha melódica utilizando acordes em bloco.

Faixa 19

Piano ou teclado junto com contrabaixo (solo do piano ou teclado)

Mão direita: linha melódica ou improvisação (registros médio e agudo).

Mão esquerda: acordes na posição fechada (registro médio) pulsando durante as pausas. Acordes em bloco também são eficientes.

Comentário: a situação mais comum é o contrabaixista tocar o acompanhamento e o pianista (ou tecladista) tocar o solo. Mas para acompanhar o solo do contrabaixista, será necessário utilizar a mesma técnica usada para o solo do violão ou da guitarra, tentando cobrir as pausas e empregando o registro correto.

Faixa 20

Piano ou teclado junto com grupo (solo do piano ou teclado)

Mão direita: linha melódica ou improvisação (modalidade com acordes em bloco também pode ser utilizada).

Mão esquerda: acordes em posição fechada, registro médio (ouvir a faixa 18).

Comentário: não há necessidade de preocupação com a pulsação na mão esquerda, pois bateria e percussão (e, provavelmente, guitarra) cobrirão esse elemento. Porém, podemos acrescentar acentos na mão esquerda, principalmente, quando a improvisação deixar espaços, respirar. Acordes em bloco também são eficientes.

Piano ou teclado junto com grupo (acompanhamento)

Mãos direita e esquerda: acordes em bloco pulsando no registro médio.

O grupo toca melodia, harmonia, pulsação, linha do baixo etc.

Comentário: se o pianista/tecladista estiver tocando com um violonista/guitarrista, será necessário definir quem tocará a pulsação ou como será alternada a execução da pulsação para que não haja conflito. A sugestão é que um toque somente os acordes e o outro toque a pulsação. Outra ideia é o pianista/tecladista pulsar enquanto o violonista/guitarrista toca *riffs*. Ou ainda, o pianista/tecladista tentar imitar um efeito *cortina*,[5] deixando o violonista/guitarrista tocar a pulsação.

---
[5] Efeito *cortina*: acordes parados imitando no teclado, por exemplo, um naipe de cordas.

Faixa 21

C^6_9 $Em7\begin{pmatrix}\flat5\\9\end{pmatrix}$ $A7\begin{pmatrix}\flat9\\\flat13\end{pmatrix}$

Grupo

O grupo toca melodia, harmonia, pulsação, linha do baixo etc.

Piano ou teclado

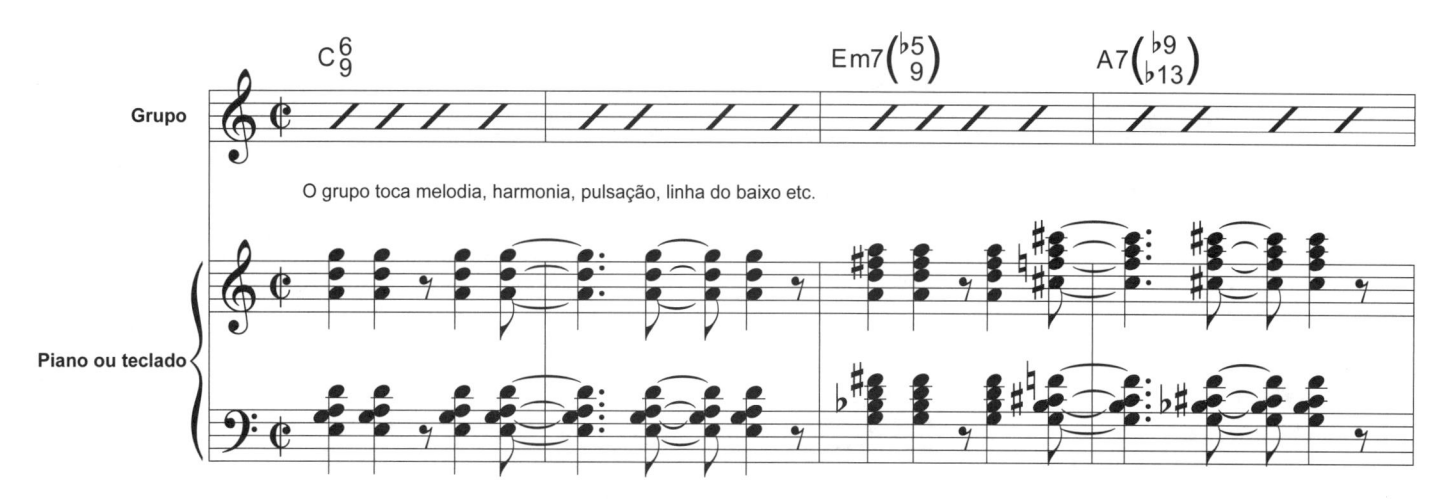

Sergio Mendes e seu grupo no início dos anos 1960.

Foto de Chico Pereira

Toninho Horta   Foto de Beti Niemeyer

Violão ou guitarra

Para se tornar um bom músico nos estilos samba e bossa-nova, deve-se poder pelo menos compreender, ou preferivelmente tocar, o tamborim (acentos) e o surdo (linha do baixo e linha simplificada de baixo).

O violonista/guitarrista deve tocar a linha do baixo com o polegar e os acentos com os outros dedos. Ou ele pode tocar puxando as cordas simultaneamente, com o polegar, e os outros dedos tocando juntos os acentos. Como observado anteriormente, não haverá problema para o pianista/tecladista, pois outro músico desempenhará o papel do baixo. Importante lembrarmos que ao tocar a linha simplificada do baixo, a nota do tempo forte pode ser tocada abafada e em *staccato*, e no tempo fraco, tocada longa e acentuada.

Faixa 22

Em algumas situações pode ser eficiente uma combinação de linha do baixo e linha simplificada do baixo.

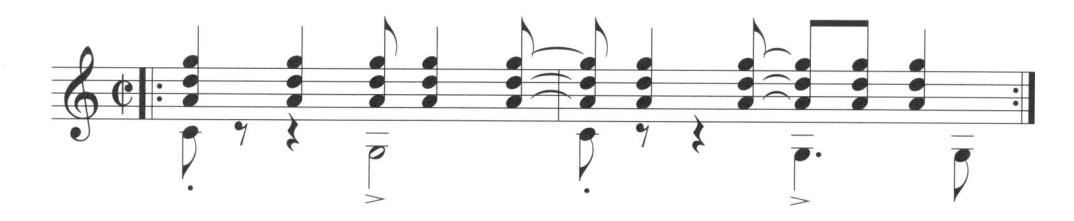

Faixa 22

Faixa 23

Outra possibilidade para violão ou guitarra é tocar os acentos em estilo bloco com o polegar e os dedos restantes tocando o mesmo ritmo. Nesse caso, o elemento baixo pode, ou não, ser omitido.

Faixa 23

Como indicado para o piano ou teclado, a pulsação básica pode ser usada como base para o acento através do uso de *ghost notes*.

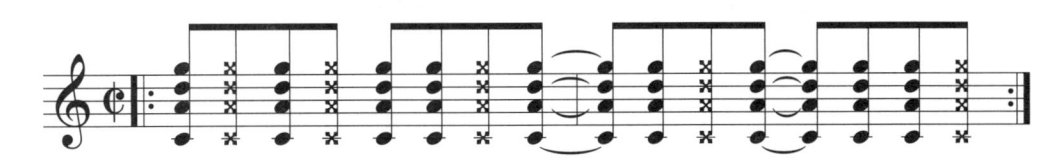

Outras possibilidades para violão ou guitarra (solo)

Faixa 24

Usar a melodia no topo dos acordes (*chord melody*) e complementar com a pulsação e a linha simplificada do baixo. Importante ler as instruções dadas ao pianista/tecladista. Observemos os seguintes exemplos:

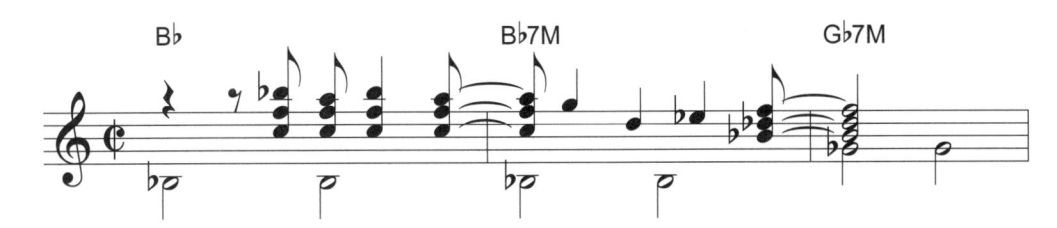

Posições muito fechadas são desconfortáveis de se tocar no violão ou na guitarra. Consideremos, portanto, tocar as posições mais confortáveis: os formatos de fundamental quinta, sétima e terça; ou fundamental sétima, terça e quinta procurando, eventualmente, adicionar extensões (nonas, décimas primeiras, décimas terceiras etc.). Saber quais notas adicionar ou excluir é importantíssimo.

Quando a melodia forma arpejo, não há necessidade de se completar com notas mais graves.

Faixa 25

Se a própria melodia pulsar continuamente, você não precisa complementar com pulsação.

Sempre que notas ou pausas longas aparecerem na linha melódica, devemos completar com a pulsação usando as notas restantes da inversão.

Faixa 26

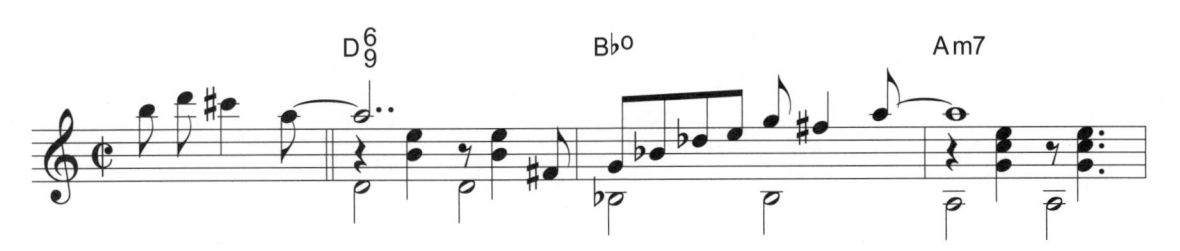

Um violonista/guitarrista com maior conhecimento de harmonia e técnica mais desenvolvida poderá lidar perfeitamente com essa maneira de tocar música brasileira, deixando o polegar livre para enriquecer a linha do baixo, os acentos e a pulsação.

Essa técnica também é muito eficiente no jazz ou em qualquer outro estilo.

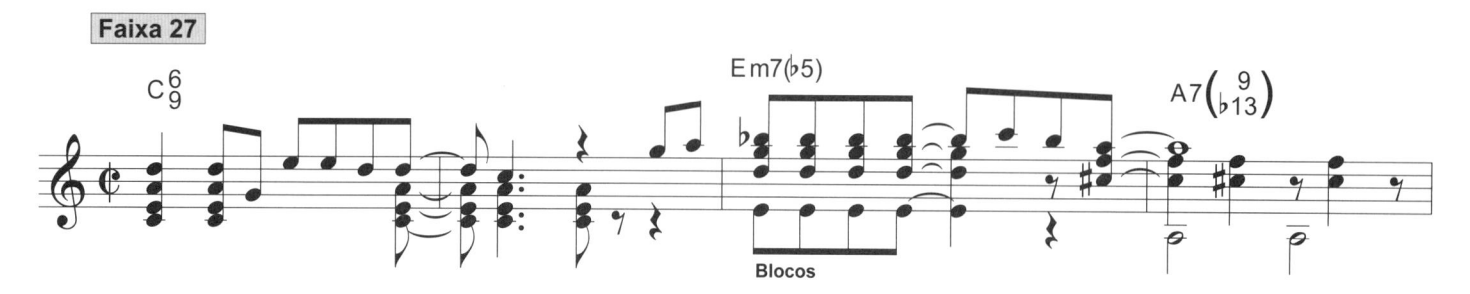

Faixa 27

Acompanhamento de violão ou guitarra para apenas um instrumento solista ou voz

Devemos usar levadas de acompanhamento diferentes. O violonista/guitarrista apresentará os elementos restantes: harmonia, pulsação e linha do baixo ou linha simplificada do baixo.

Violão ou guitarra junto com grupo (acompanhamento)

Deve-se usar o estilo de acordes em bloco (puxando as cordas com o polegar e demais dedos simultaneamente) com a pulsação quando houver uma pausa.

Pode-se também usar acordes sem pulsação contínua. Sempre que tocar em um grupo que tenha também um pianista/tecladista, deve-se combinar o que e quando cada um tocará (pulsação, harmonia etc.).

Normalmente será necessário para ambos os músicos tocarem a mesma figura rítmica ou mesmo tocarem alguns *riffs* (abafados e usando palheta - "pica-pau") para preencher com a pulsação (ver as instruções dadas ao pianista/tecladista).

É eficiente, também, repousar nos acordes. Quando o violonista/guitarrista e o pianista/tecladista tocam juntos é muito comum um deles tocar acordes ocasionalmente, enquanto o outro toca a pulsação. Se um deles puder tocar a parte de uma seção de metais ou cordas, a solução será outra. Ou, ainda, enquanto um músico toca algum tipo de *riff*, o outro toca a pulsação normal.

Sempre haverá uma boa solução enquanto os elementos musicais e parâmetros rítmicos forem bem observados.

Violão ou guitarra junto com grupo (solo)

O violonista/guitarrista deve tocar e prestar atenção às características da música brasileira apresentadas. Também devemos estudar bem o tópico "Fraseado no estilo samba, seus derivados e choro" (página 76) para obtermos bons resultados na improvisação.

Contrabaixo

Ao tocar samba ou bossa-nova, o contrabaixista deve ter em mente que está tocando o que se considera o "coração do samba" - a linha do baixo. Para tocar com eficiência samba ou bossa-nova, deverá saber como atua o instrumento "surdo" e, ainda, qual o papel deste no estilo samba.

Sempre que tivermos o seguinte padrão de contrabaixo:

... ele deve ser interpretado:

Além disso, a linha do baixo pode ser interpretada de várias maneiras.

Faixa 28

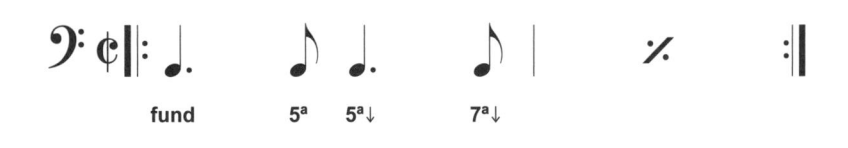

fund — 5ª — 5ª↓ — 5ª

D6

Faixa 28

fund — 5ª — 5ª↓ — 7ª↓

D6

Faixa 28

fund — 4ª aum — 5ª — 7ª↓

Faixa 28

fund — 4ªaum↓ — 5ª↓ — 5ª

45

As levadas anteriores são úteis tanto para samba quanto para bossa-nova.

Os contrabaixistas também devem considerar as *ghost notes* em samba.

Outros exemplos com *ghost notes*:

Faixa 28

fund   fund   5ª↓   fund   5ª   5ª↓

Faixa 28

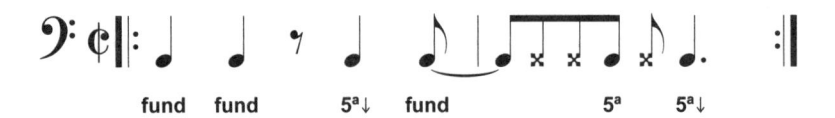

fund   fund   5ª↓   fund   5ª   5ª↓

Consultar a seção sobre variação para percussão, que aborda o instrumento surdo, na página 51.

Vejamos alguns compassos de um acompanhamento tocado pelo contrabaixo em samba e bossa-nova.

Faixa 28

Solo de contrabaixo

Da mesma maneira que no jazz, mas usando os acentos e fraseados típicos da música brasileira.

Bateria

Para executar samba e bossa-nova, o baterista deve tocar a pulsação básica, além dos acentos e linha rítmica do baixo. O *hi-hat* ou outros pratos são usados com pulsação de colcheias.

Basicamente, os acentos são tocados na caixa ou no aro da caixa (*rimshot*), mas também podem ser enfatizados pelo *hi-hat* ou pelo prato de condução. A combinação de bumbo e tom grave (*floor tom*) pode ser usada para tocar a parte do surdo (linha do baixo).

Para que o baterista obtenha bons resultados ao tocar samba e qualquer outro ritmo brasileiro é importante estudar bastante as partes do livro que tratam de percussão. Se possível tentando pelo menos aprender a tocar instrumentos como o surdo e o tamborim.

Não nos esqueçamos da intenção do tempo forte, abafado e *staccato*, e tempo fraco acentuado ao tocar a linha rítmica do baixo sempre que essa ênfase se apresentar.

Faixa 29

Faixa 29

Ao tocar a pulsação básica no prato de condução é importante que os bateristas adicionem acentos ao tempo fraco tocando o pedal do *hi-hat*, sem utilização da baqueta, (aberto ou fechado).

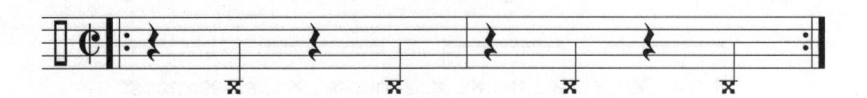

Consideremos como a levada nº 1 do samba e da bossa-nova pode ser interpretada:

Faixa 29

O exemplo abaixo pode ser interpretado com *ghost notes* nos pratos.

Faixa 29

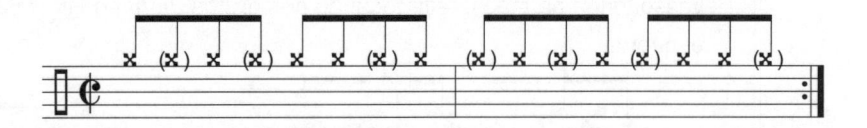

Ghost notes devem ter valor aproximado de 30% em comparação com as outras notas. A distribuição da pulsação básica no samba e na bossa-nova pode ser interpretada de maneiras diferentes:

a) Suprimindo-se algumas notas da pulsação (muito útil em andamentos rápidos):

Faixa 29

b) Distribuindo-se a pulsação através de diferentes peças da bateria, incluindo pratos e cúpulas de prato, *hi-hat* (fechado ou aberto), caixa e *hi-hat* tocado com o pedal. Essa é outra combinação da pulsação básica simplificada no prato de condução e acentos no aro da caixa (*rimshot*):

Faixa 29

Hi-hat ou prato de condução
Caixa ou aro da caixa (*rimshot*)
Tom grave
Bumbo
Hi-hat (pedal)

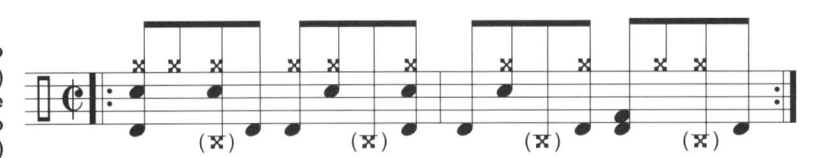

Faixa 29

c) Adicionando-se uma pulsação mais ativa:

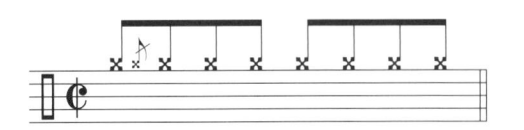

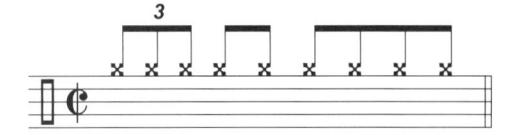

Faixa 29

d) Enfatizando-se alguns acentos através da pulsação:

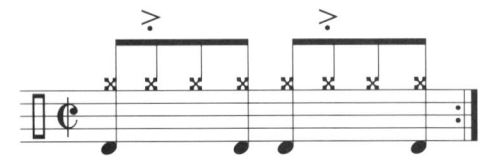

Faixa 29

e) Tocando-se a pulsação suprimindo algumas colcheias e imitando os acentos:

Hi-hat ou prato de condução
Caixa ou aro da caixa (*rimshot*)
Bumbo

Faixa 29

f) Com vassourinhas utilizando-se ambas as mãos:

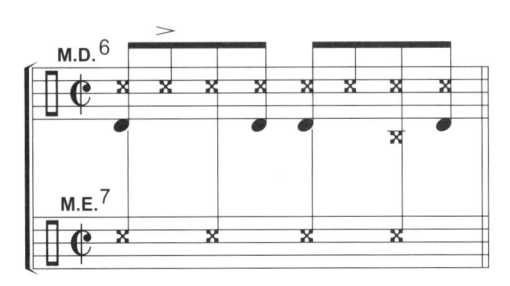

M.D.[6]

M.E.[7]

Os acentos podem ser tocados usando-se vassourinhas ou baquetas no *hi-hat* ou vassourinhas na caixa.

Pode-se tocar com vassourinhas nos pratos ou *hi-hat*. Também é possível usar uma vassourinha na mão direita tocando nos pratos, *hi-hat* ou caixa e uma baqueta na mão esquerda.

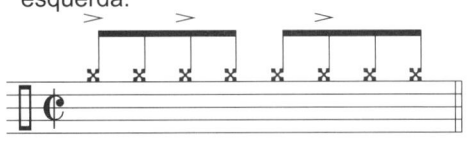

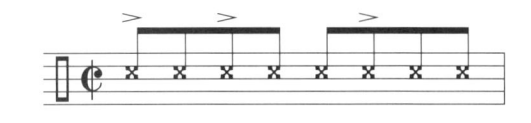

Faixa 29

Podemos alternar entre *hi-hat* fechado e aberto. Os acentos também podem ocorrer em lugares diferentes:

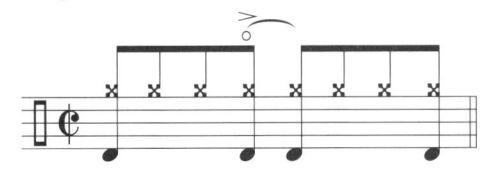

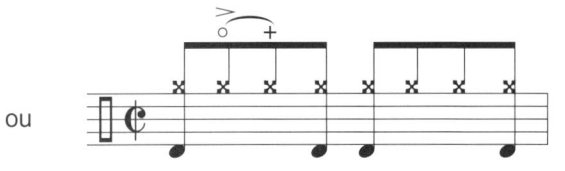

Faixa 29

---

[6] M.D. = mão direita.
[7] M.E. = mão esquerda.

Percussão

De grande importância para o percussionista é o timbre. Como o percussionista toca instrumentos com diferentes timbres, a escolha certa é fundamental (por exemplo: o chocalho desempenha a mesma função do *hi-hat*). Por essa razão, ele deve usar diferentes afinações para que o som de cada um seja distinto. O resultado será um som limpo e definido. A mesma importância se aplica à afinação dos instrumentos de percussão graves em relação ao bumbo da bateria e, por exemplo, ao violão ou à guitarra, ou ao contrabaixo. Em determinados momentos, outro problema pode ocorrer entre as alturas comparativas da clave, *cowbell*, tamborim e aro da caixa (*rimshot*). Esses instrumentos ocupam uma área de frequência parecida. O percussionista deve manter em mente o elemento altura para obter o equilíbrio da seção de percussão. No samba, a percussão grave (surdo), o chocalho e o tamborim funcionam bem se tocados ao mesmo tempo, de forma entrosada.

Pulsação básica

A levada básica para instrumentos de percussão de pulsação (chocalhos, caxixi, reco-reco) é a seguinte:

[Faixa 30]

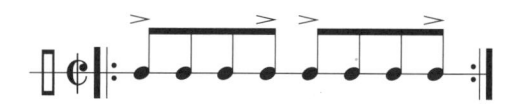

No reco-reco, a levada acima pode ser interpretada da seguinte maneira (usando-se movimentos para cima e para baixo):

[Faixa 30]

B C B C B C B C   B = para baixo, C = para cima

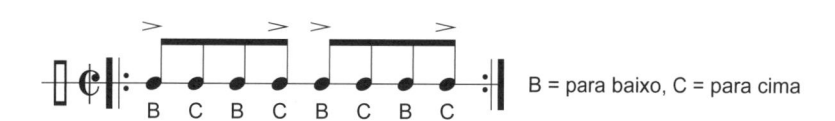

No pandeiro, a levada da pulsação básica pode ser interpretada da seguinte maneira:

[Faixa 30]

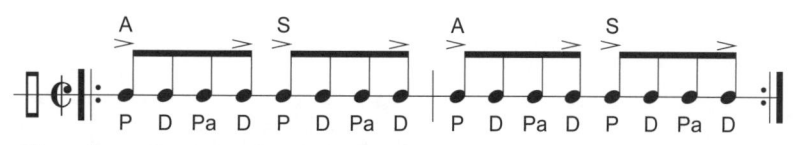

P D Pa D P D Pa D | P D Pa D P D Pa D

P = polegar, D = dedos, Pa = palma da mão,
A = abafando com os dedos, S = soltando os dedos

Há outras possibilidades não tratadas aqui que usam a mesma pulsação básica.
E no repique (repenique), como a seguir:

Repique é um instrumento típico do samba. Seu uso não é recomendado em bossa-nova.

[Faixa 30]

N A A D N A A D   D A A D D A A D

N = batida normal, A = aro, D = dedos

Há também outras possibilidades não tratadas aqui que utilizam a mesma pulsação básica.

Acentos

Acentos podem ser interpretados de forma diferente por instrumentos distintos. Os instrumentos de acento mais comuns no samba e na bossa-nova são: pandeiro (que age também como instrumento de pulsação e de linha do baixo), clave e tamborim.

Outros instrumentos de acento típicos no samba são: agogô, repique e cuíca.

Os instrumentos de acento típicos na bossa-nova são: clave e caixeta.

Alguns acentos são mais importantes do que outros. Observemos os exemplos de levadas.

Vejamos como a levada nº 1 deve ser interpretada pelos instrumentos de percussão de acento. Por exemplo, o tamborim:

Faixa 31

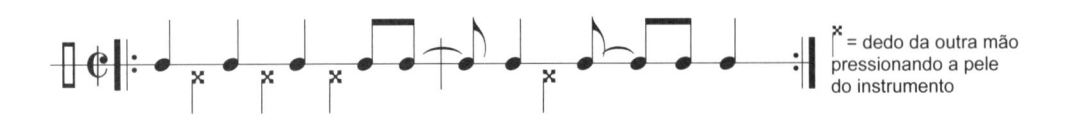

× = dedo da outra mão pressionando a pele do instrumento

Seguem-se algumas variações de acentos típicos para instrumentos de percussão de acento. Elas também podem ser tocadas por outros instrumentos designados para tocar os acentos. Esses acentos podem ser considerados as levadas nºs 21 a 28 para todos os instrumentos de acento e não somente para os de percussão.

Faixa 32 — Levada nº 1 de tamborim

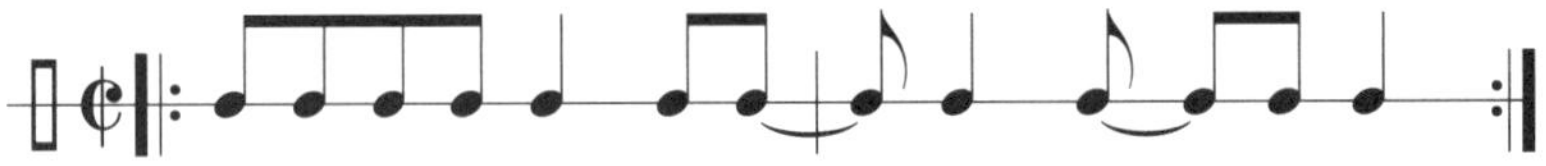

Faixa 32 — Levada nº 2 de tamborim

Faixa 32 — Levada nº 3 de tamborim

Faixa 32 — Levada nº 1 do agogô

A = som agudo
G = som grave

A A A G G G A A G G

Faixa 32 — Levada nº 2 do agogô (levada do maracatu)

G A G A G A G A

Faixa 32 — Levada nº 1 da cuíca

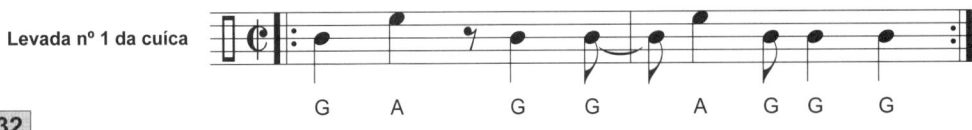

G A G G A G G G

Faixa 32 — Levada nº 2 da cuíca

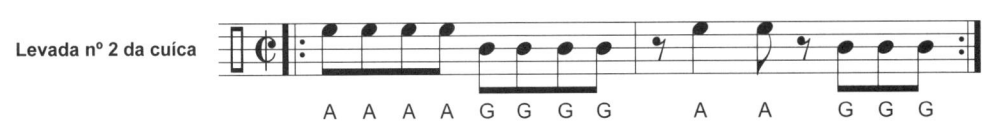

A A A A G G G A A G G G

O "coração do samba" - a linha do baixo - deve ser explorado. A linha do baixo é, basicamente, executada pelo surdo, tocado com uma baqueta de feltro própria (maceta). Vejamos como a levada básica (linha do baixo) deve ser interpretada:

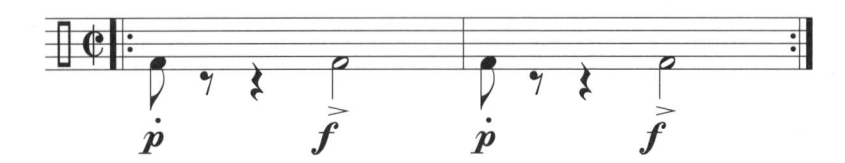

Um movimento de *ghost note* sutil e leve na outra mão (a mão que não está segurando a baqueta) pode ser colocado na última colcheia de cada tempo:

Faixa 33

Vejamos algumas variações para o acento da linha do baixo (elas também são úteis para qualquer músico que execute a linha do baixo ou a linha simplificada do baixo, principalmente os contrabaixistas):

Faixa 33

Faixa 33

Faixa 33

Faixa 33

Faixa 33

Quem toca o que nos estilos samba e bossa-nova

A pulsação básica deve ser tocada pelos instrumentos de percussão de pulsação.

Os acentos devem ser tocados pelos instrumentos de percussão próprios, aro da caixa (*rimshot*), clave (bossa-nova), cavaquinho (samba), violão ou guitarra, mão direita do pianista/tecladista (ou ambas as mãos quando tocando em bloco), órgão (ver as instruções para o tecladista) e *riffs* de metais (incomuns na bossa-nova).

Observação: diferentes instrumentos de acento não precisam tocar os mesmos acentos simultaneamente, a menos que essa condição seja preestabelecida.

A linha rítmica do baixo deve ser tocada pelo contrabaixo, pelo bumbo e pelo surdo.

A linha simplificada do baixo deve ser tocada pela mão esquerda do pianista/tecladista, pela pedaleira do órgão e pelo polegar do violonista/guitarrista. Não nos esqueçamos das instruções dadas anteriormente.

Exercícios sugeridos

1. Descreva brevemente o estilo samba.
2. Cite e descreva outros estilos de samba.
3. Quais são os grupos mais comuns nesses estilos e como são distribuídos os elementos musicais e parâmetros rítmicos?
4. Descreva em poucas palavras a história da bossa-nova.
5. Cite os compositores mais importantes desse estilo?
6. Cite pelo menos três grandes diferenças entre o samba e a bossa-nova.
7. Qual a formação ideal para um grupo de samba?
8. Qual a formação ideal para um grupo de bossa-nova?
9. Demonstre pelo menos duas progressões típicas usadas no estilo samba.
10. Demonstre pelo menos três acordes típicos usados no estilo bossa-nova.
11. Descreva pelo menos quatro possibilidades da progressão II - V usadas em bossa-nova, dando exemplos nos seguintes tons: Fá Maior, Si bemol Maior e Sol Maior.
12. Descreva pelo menos duas possibilidades da progressão II - V usadas em bossa-nova, dando exemplos nos seguintes tons: Ré menor, Mi menor e Lá menor.
13. Descreva pelo menos quatro possibilidades da progressão V - I usadas em bossa-nova em tons maiores. Tons: Lá Maior, Ré Maior e Lá bemol Maior.
14. Descreva pelo menos duas possibilidades da progressão V - I usadas em bossa-nova em tons menores. Tons: Dó menor, Fá menor e Fá sustenido menor.
15. Descreva pelo menos duas progressões estendidas usadas em bossa-nova. Tons: Si Maior, Dó sustenido Maior e Mi bemol Maior.
16. Demonstre pelo menos oito levadas (pulsação básica, acento, linha do baixo e linha simplificada do baixo) utilizadas em samba e em bossa-nova.
17. Apresente algumas dicas gerais para se tocar samba e bossa-nova.
    a) **Para músicos em geral**
    b) **Para pianistas/tecladistas**
    - Como as levadas devem ser interpretadas?
    - Como a mão esquerda pode imitar o surdo?

- Demonstre a combinação de linha do baixo e linha simplificada do baixo para a mão esquerda.
- Toque pelo menos uma levada usando a pulsação básica para a mão esquerda.
- Enumere diferentes opções para: solo de piano ou teclado, piano ou teclado junto com violão ou guitarra, piano ou teclado junto com contrabaixo, piano ou teclado junto com o grupo.
- Toque pelo menos seis diferentes acentuações de samba e de bossa-nova.

c) **Para violonistas/guitarristas**

- Como as levadas devem ser interpretadas?
- Como a linha simplificada do baixo deve ser interpretada?
- Demonstre a combinação de linha do baixo e linha simplificada do baixo para o polegar.
- Escreva e toque pelo menos uma levada de samba/bossa-nova usando o estilo harmônico em bloco.
- Descreva como a pulsação básica pode ser usada em combinação com os acentos.
- Enumere diferentes opções para: solo, acompanhamento de apenas um instrumento ou voz junto com o grupo.
- Toque pelo menos seis diferentes levadas para samba e para bossa-nova.

d) **Para contrabaixistas**

- Qual instrumento de percussão os baixistas devem tentar imitar ao tocar samba e/ou bossa-nova?
- Como os acentos daquele instrumento devem ser interpretados pelo contrabaixista?
- Descreva pelo menos três possibilidades para a maneira de se interpretar as notas da linha do baixo.
- Demonstre como funciona o uso de *ghost notes* para o contrabaixo no samba.

e) **Para bateristas**

- Como os parâmetros rítmicos (pulsação básica, acento e linha do baixo) devem ser distribuídos na bateria?
- Quais instrumentos de percussão cada parte da bateria deve imitar?
- Como a pulsação básica para samba e bossa-nova deve ser interpretada?
- Como os acentos da linha do baixo devem ser interpretados?
- Como o acento no tempo fraco deve ser interpretado?
- Escreva e toque pelo menos cinco levadas de samba e de bossa-nova.
- Como as vassourinhas podem ser utilizadas nesses dois estilos?

f) **Para percussionistas**

- Mencione pelo menos dois instrumentos de pulsação que tocam a pulsação básica em samba e em bossa-nova.
- Mencione pelo menos três instrumentos de percussão de acento utilizados para samba e bossa-nova.
- Qual instrumento, normalmente, executa a linha do baixo nos dois estilos?
- Demonstre tocando e escrevendo como o repique, reco-reco e pandeiro utilizam a pulsação básica.
- Toque pelo menos dez acentuações diferentes para samba e para bossa-nova no tamborim.
- Escreva e toque na cuíca acentos típicos para esse instrumento.

18. Quem toca o que nos grupos de samba e de bossa-nova?

Salve Salgueiro
(samba)

Antonio Adolfo

Olá, Tom Jobim
(bossa-nova)

Antonio Adolfo

João Gilberto — Foto de Chico Pereira

Samba-funk e partido-alto

Podemos dizer que o samba-funk e o partido-alto são duas maneiras diferentes de se acentuar no samba. Esses estilos são encontrados, principalmente, nas grandes cidades do Sudeste do Brasil, como Rio de Janeiro e São Paulo. Tanto o samba-funk quanto o partido-alto representam formas contemporâneas de se tocar samba misturado com tipos de música de orientação pop, usando levadas repetitivas combinadas com diferentes acentos típicos do samba. O som é, normalmente, mais pesado e é tocado por músicos com influência do jazz ou da música pop. Um exemplo de sonoridade característica presente nos dois estilos é a guitarra "funkeada", que pode ser encontrada em ambos.

Orquestração e dicas para samba-funk e partido-alto

O grupo mais comum é composto por teclado, guitarra, contrabaixo, bateria e percussão. Os metais são bem aceitos, sobretudo no samba-funk. O pandeiro é o instrumento de percussão mais proeminente no partido-alto e pode ser chamado de "a alma do partido-alto". É importante pensar-se na música funk para tocarmos esses estilos, mas não nos esquecendo do sincopado típico, inerente a cada estilo e ao samba.

O teclado e a guitarra podem escolher entre tocar acentos típicos e o samba padrão, mas isso dependerá do grau de sintonia do músico executante. O uso de palheta (linhas abafadas "pica-pau") na guitarra pode ser muito útil. O contrabaixo pode usar a técnica de *slap*. O baterista, em geral, deve tocar um som pesado na caixa nos acentos típicos, mas deve usar pulso básico de samba no *hi-hat*. A percussão pode ser composta por chocalhos, clave, agogô, congas e pandeiro, e qualquer outro instrumento usado no samba. Como mencionado, instrumentos de sopro podem ser adicionados, principalmente, ao samba-funk.

Levadas de samba-funk

Observação: como podemos notar, não temos, nesse estilo, o elemento linha simplificada do baixo.

Levada nº 1

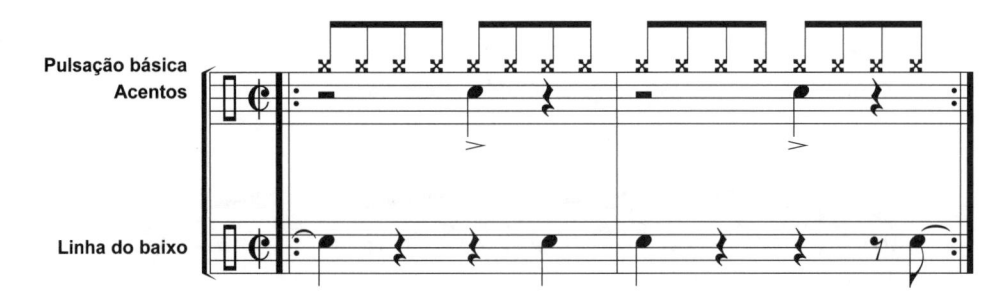

Levada nº 2

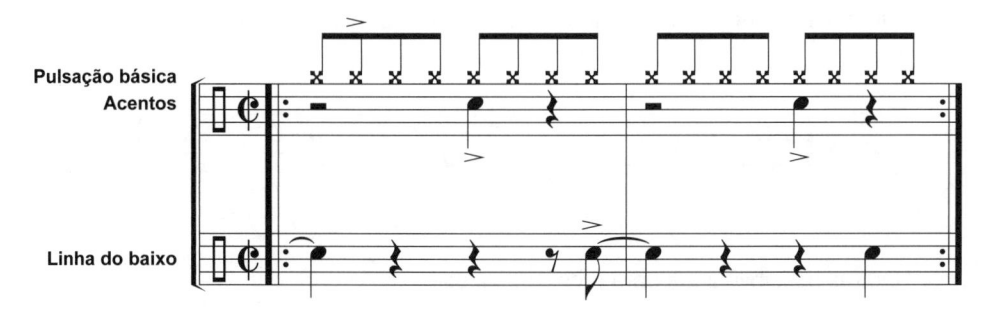

Observação: a levada nº 2 está gravada como uma variação da bateria (faixa 37), mas também pode ser interpretada por diferentes instrumentos.

Vejamos como a levada nº 1 deve ser interpretada por diferentes instrumentos.

Piano ou teclado (tocando os acentos típicos do samba-funk)

Faixa 36

Variação para pianista/tecladista tocando acento típico de samba.

Faixa 36

Violão ou guitarra (*strumming*)

Observação: neste caso, principalmente, guitarra.

Faixa 36

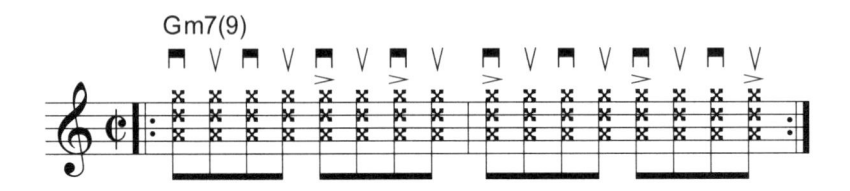

Violão ou guitarra (notas abafadas)

Observação: neste caso, principalmente, guitarra.

Faixa 36

Contrabaixo (*slap*)

Observação: neste caso, principalmente, contrabaixo elétrico.

Faixa 36

Outras possibilidades para o contrabaixo:

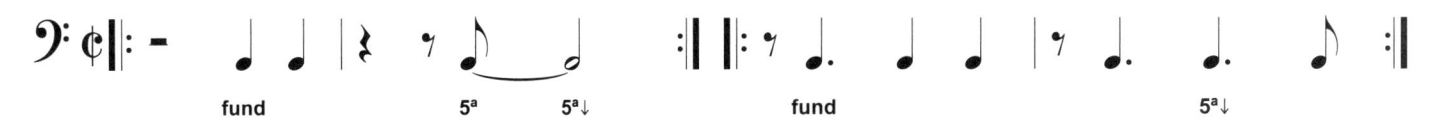

fund   5ª   5ª↓   fund   5ª↓

Bateria

Faixa 36

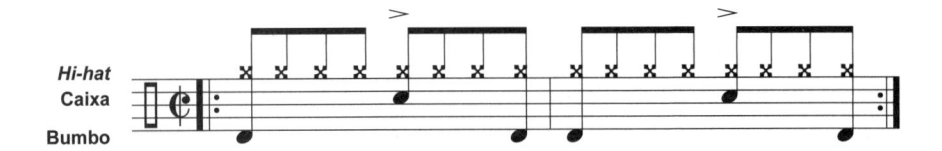

Hi-hat
Caixa
Bumbo

Percussão (chocalho)

Faixa 36

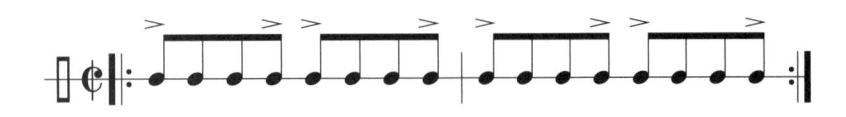

Percussão (tamborim)

Faixa 36

Percussão (surdo)

Faixa 36

Percussão (pandeiro)

Faixa 36

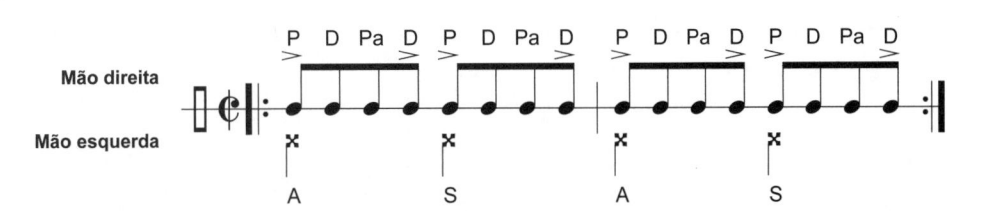

Mão direita
Mão esquerda

P D Pa D   P D Pa D   P D Pa D   P D Pa D

A   S   A   S

Mão direita: P = polegar, D = dedos, Pa = palma da mão, A= abafado, S = solto

Faixa 37

Variação da levada nº 2, interpretada pela bateria.

59

Levadas de partido-alto

Levada nº 1

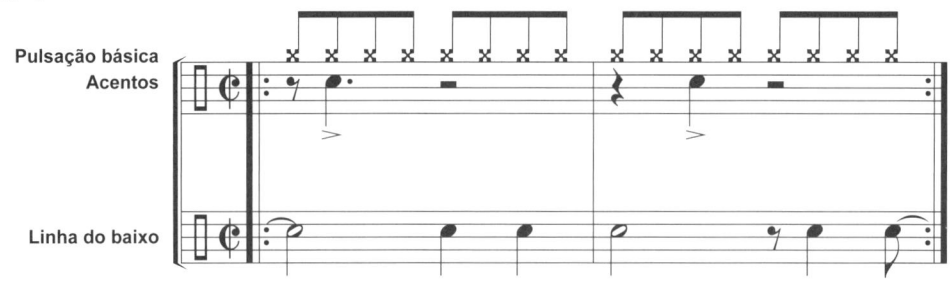

Pulsação básica
Acentos

Linha do baixo

Levada nº 2 (invertida)

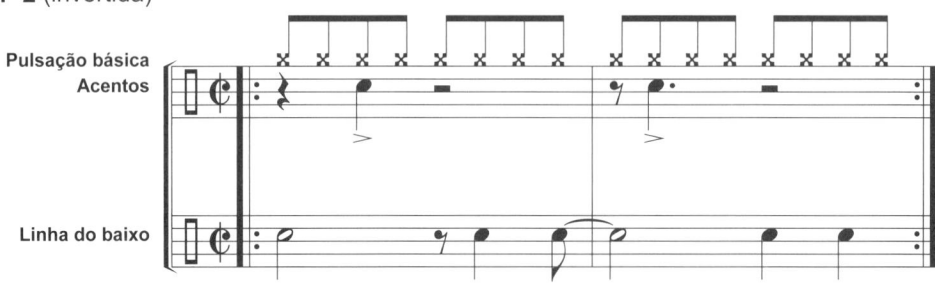

Pulsação básica
Acentos

Linha do baixo

Levada nº 3

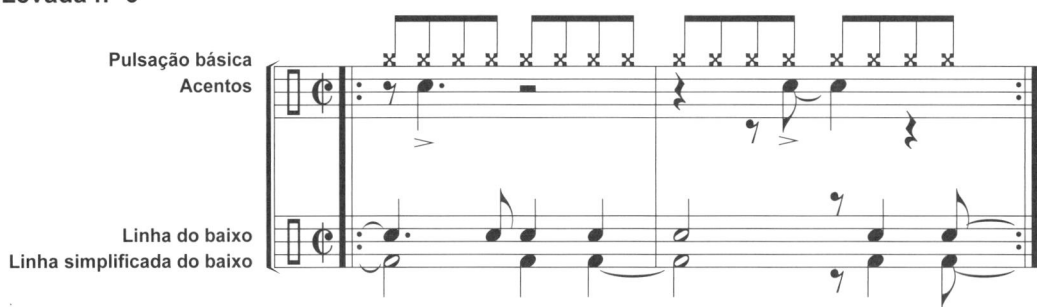

Pulsação básica
Acentos

Linha do baixo
Linha simplificada do baixo

Vejamos como a levada nº 1 deve ser interpretada por diferentes instrumentos.

Piano ou teclado (acentos típicos)

Faixa 38

Piano ou teclado (acentos típicos de samba)

Faixa 38

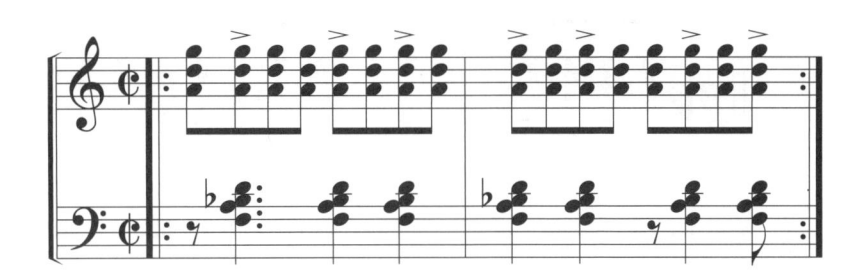

Violão ou guitarra

Faixa 38

Outra opção útil para o violão ou guitarra:

Faixa 38

É de grande utilidade tocar-se *riffs* com notas de curta duração usando *ghost notes* no piano ou teclado e no violão ou guitarra.

Faixa 38

Contrabaixo

Faixa 38

Com técnica bem desenvolvida, o contrabaixista também pode tocar os acentos puxando as cordas com os dedos restantes, conforme se utiliza na técnica do *slap*.

Bateria

Faixa 38

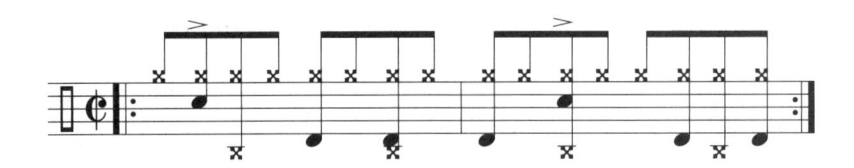

Aqui, temos uma variação de bumbo para o partido-alto.

Observação: este é o acento básico do pandeiro, que deve ser complementado com pulsação de samba.

Faixa 38

Percussão (pandeiro)

Faixa 38

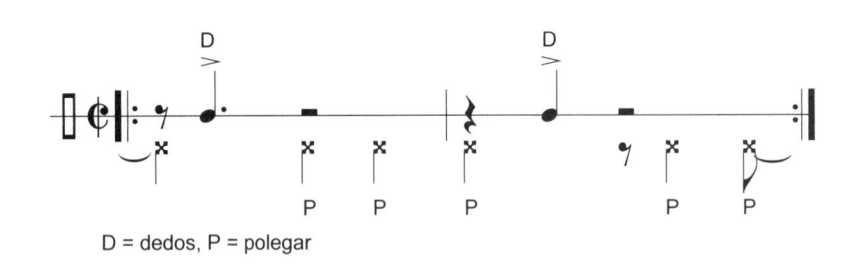

D = dedos, P = polegar

Percussão (chocalho)

Faixa 38

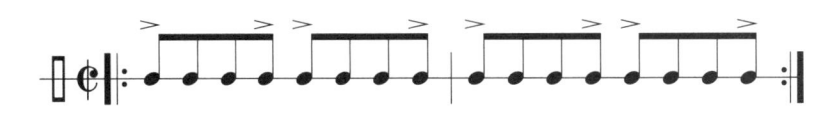

Percussão (tamborim)

Faixa 38

Percussão (surdo)

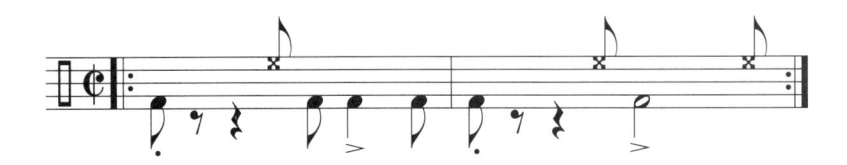

Faixa 38

Enfatizar os acentos da pulsação básica pode fornecer um bom resultado:

Faixa 39

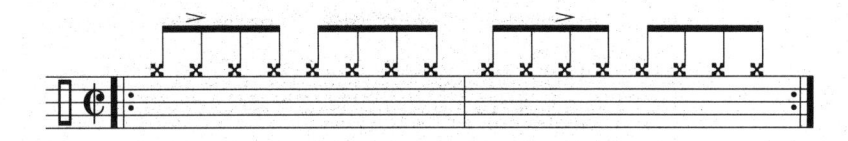

ou:

Faixa 39

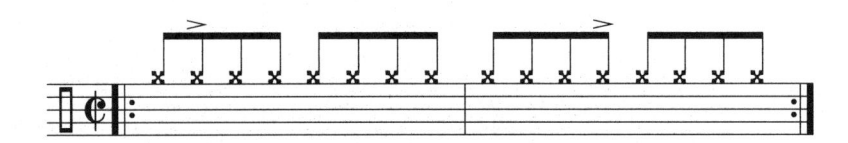

Normalmente, a abertura do *hi-hat* pode ser combinada com acentos.

Faixa 39

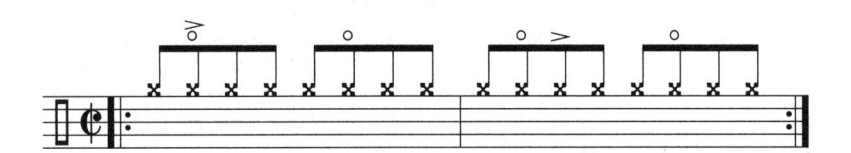

Quem toca o que nos estilos samba-funk e partido-alto

A pulsação de colcheias deve ser tocada por chocalhos, pandeiro, *hi-hats* e quaisquer outros instrumentos de percussão de acentos usados no samba. Observação: pratos, em princípio, não são recomendados.

Os acentos devem ser tocados pela mão direita do pianista/tecladista ou por ambas as mãos ao tocar acordes em bloco com o violão ou a guitarra e instrumentos de percussão de acento. Não nos esqueçamos da importância do pandeiro. A linha do baixo pode ser tocada pelo contrabaixo, mão esquerda do pianista/tecladista (quando tocando os acentos típicos), violão ou guitarra, (em certas ocasiões, utilizando palheta), surdo e até mesmo pedaleira do órgão. Observação: o contrabaixo pode tocar tanto os acentos quanto a linha do baixo.

Exercícios sugeridos

1. Descreva os estilos samba-funk e partido-alto.

2. Escreva e toque pelo menos duas levadas para cada estilo.

3. Descreva como o piano ou teclado e o violão ou a guitarra devem tocar nesse estilo.

4. Qual o instrumento de percussão mais importante no partido-alto?

5. Quem toca o que nos estilos samba-funk e partido-alto?

6. Como esses estilos devem ser interpretados pelos instrumentos de percussão de pulsação?

Samba-funk
(samba-funk)

Antonio Adolfo

Partido leve
(partido-alto)

Antonio Adolfo

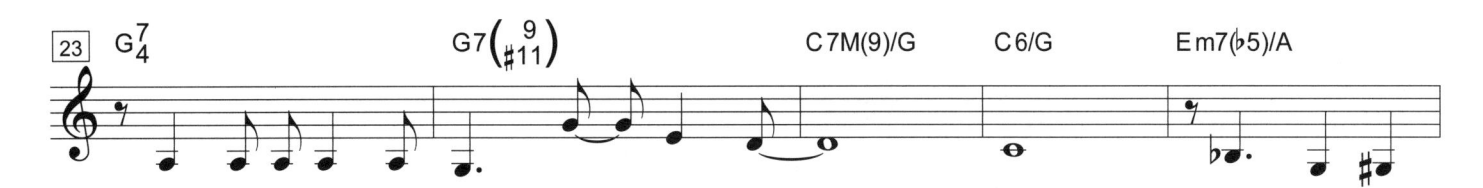

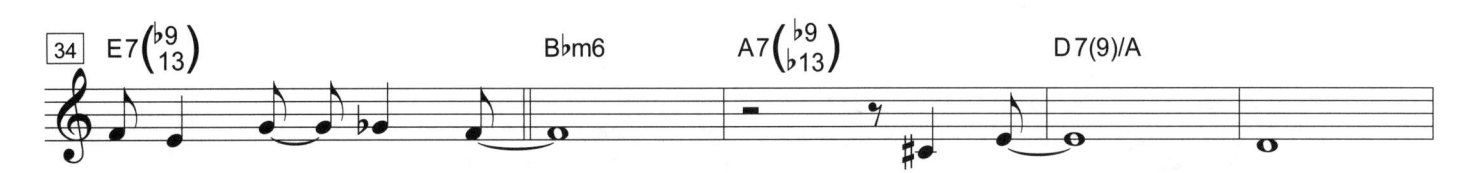

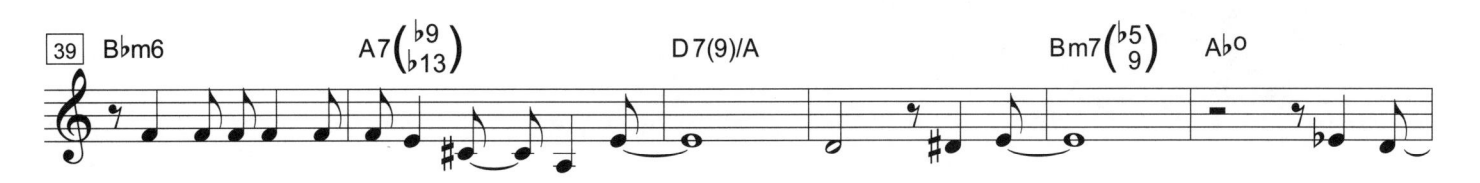

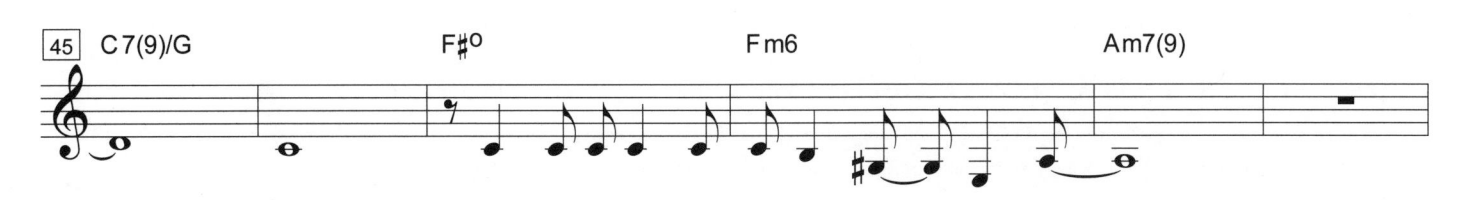

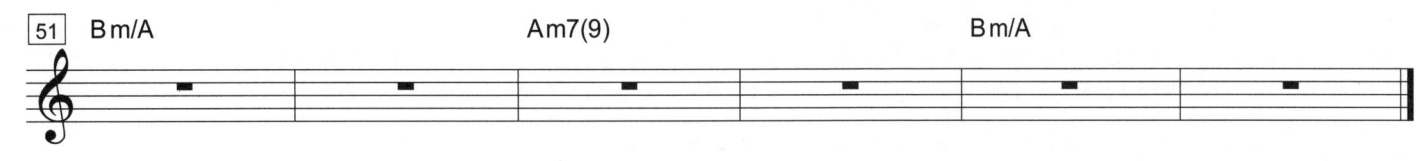

Faixa 41

Choro

O choro é um estilo brasileiro que evoluiu durante o início dos anos 1920. Nascido no Rio de Janeiro, o choro (ou chorinho, para alguns) se desenvolveu a partir de diferentes estilos, como o lundu, a polca, o tango brasileiro, o corta-jaca, o maxixe, que também era uma dança, e mais alguns. Entre os compositores mais expressivos do estilo choro, - existem muitos - podemos citar: Pixinguinha (também saxofonista e flautista que atuou, principalmente, por volta dos anos 1930-50), Ernesto Nazareth (pianista de orientação erudita nascido no século XIX), João Pernambuco (violonista contemporâneo de Pixinguinha nos Oito Batutas, um octeto instrumental de grande sucesso nos anos 1930), Chiquinha Gonzaga, Garoto e Jacob do Bandolim. A maioria dos bons compositores brasileiros de uma geração mais recente - como Tom Jobim, Luiz Eça, Carlos Lyra, Egberto Gismonti, Guinga, Hermeto Pascoal e muitos outros - escreveu e ainda escreve alguns choros ou "chorinhos", como muitas pessoas gostam de designar esse estilo com predominância de andamento médio e rápido. Importante ressaltar que, recentemente, o estilo choro voltou com grande força e grandes expoentes, e tem sido abraçado, principalmente, no eixo Rio-São Paulo, além de Brasília, onde existe uma entidade, o Clube do Choro, que desempenha papel importantíssimo na formação de músicos e na divulgação do estilo.

Orquestração e dicas

O grupo básico do choro é formado por violão, violão de 7 cordas,[8] cavaquinho, que é, basicamente, um instrumento de pulsação e acento, com cordas afinadas em Ré3, Sol3, Si3 e Ré4; alguns violonistas afinam o cavaquinho como o violão, em Ré3, Sol3, Si3 e Mi4; bandolim, (que é mais usado em solos; suas cordas duplas são afinadas em Sol2, Ré3, Lá3 e Mi4); e flauta que, juntamente com o violão, é bastante usada na música brasileira. A flauta era amplamente empregada em "serestas" - ou serenatas (antigo costume de cantar e tocar músicas românticas para uma moça, embaixo de sua janela no meio da noite). Podemos encontrar também no choro alguns instrumentos utilizados na música erudita. À medida que o choro surgiu nos salões da classe alta, ele expandiu sua instrumentação para incluir o piano ou teclado, o violino e o violoncelo, sempre apresentado em encontros literários e musicais chamados de saraus. Das casas de dança - as gafieiras -, o choro incorporou o trombone. O instrumento de percussão mais utilizado era, e ainda é, o pandeiro. Atualmente, a fusão tornou possível encontrar choros tocados por um grupo básico formado por teclado, guitarra, contrabaixo, bateria e percussão. Acrescentando-se um instrumento típico, como o cavaquinho ou a flauta, pode-se obter um sabor autêntico. Não é um estilo muito percussivo, mas um estilo tipicamente melódico, repleto de ornamentos, tais como mordentes e *appoggiaturas*.

Pixinguinha Cortesia do Museu da Imagem e do Som (MIS), RJ

Harmonia

Além do uso de melodias ritmicamente ativas, a harmonia do choro tem características típicas como:

a) Além da sequência mais usada, V - I (dominante - tônica), há outras frequentemente encontradas, como, por exemplo, sequência de acordes diminutos descendo em meios-tons: B♭°, A°, A♭°, G°, G♭° ou mesmo sequências cromáticas ascendentes, também utilizando acordes diminutos de passagem.

b) Normalmente, as progressões II - V podem ser apresentadas com acordes de passagem, de acordo com as mudanças do baixo, devido à importância da linha melódica do baixo nesse estilo. Isso é naturalmente executado pelo violão de 7 cordas. Observemos os exemplos apresentados adiante.

---

[8] Tradicionalmente, o violão de 7 cordas possui a sétima corda afinada em Dó.

Progressão II - V:
IIm7 IIm7/3 V7 V7/3

Exemplo em Dó Maior:

Faixa 42

Dm7   Dm7/F   G7   G7/B   C

Progressão:
IIm7 IIm7/7 V7/3 V7

Exemplo em Dó Maior:

Faixa 42

Dm7   Dm7/C   G7/B   G7   C

Faixa 43

Progressão V - I

Em vez de G7 - C, pode-se usar G7 - G7/F - C/E ou G7 - G7/B - C - C/E.
Muito comum encontrarmos no choro acordes com baixo alternativo, como os mostrados acima com a terça, a quinta ou a sétima no baixo.
Outros clichês harmônicos de orientação erudita usados no choro:

Faixa 43

Progressão	Exemplo em Dó menor
Im/3 - V7/5 - Im - I7/7 - IVm/3 - I7/5 - IVm	Cm/E♭ - G7/D - Cm - C7/B♭ - Fm/A♭ - C7/G - Fm

Faixa 43

Progressão	Exemplo em Dó Maior
I - VI7/3 - V7/5 - V7/3	C - A7/C♯ - G7/D - G7/B

Faixa 43

Progressão	Exemplo em Dó menor
Im - Im/7 - ♭VI - V7 - Im	Cm - Cm/B♭ - A♭ - G7 - Cm

Existem outros clichês harmônicos. Para um conhecimento mais amplo, a sugestão é pesquisar em composições de grandes compositores e intérpretes do choro.

Levadas e dicas

Levada nº 1

Pulsação básica
Acentos

Linha do baixo
Linha simplificada do baixo

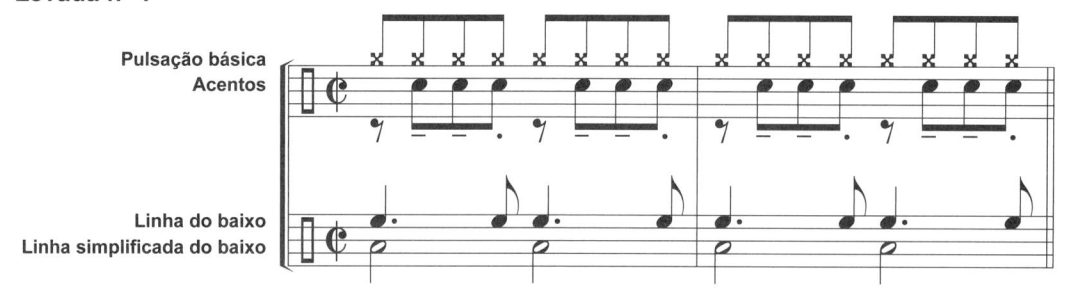

Levada nº 2

Pulsação básica
Acentos

Linha do baixo
Linha simplificada do baixo

Levada nº 3

Pulsação básica
Acentos

Linha do baixo
Linha simplificada do baixo

Os acentos usados nas levadas devem ser interpretados da seguinte forma:

Levada nº 1

Levada nº 2

Levada nº 3

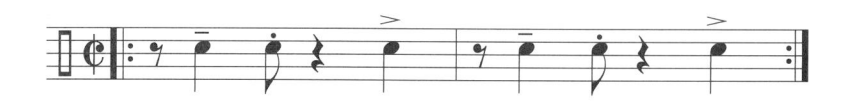

Observemos como a levada nº 1 pode ser interpretada por diferentes instrumentos:

Piano ou teclado

Faixa 44

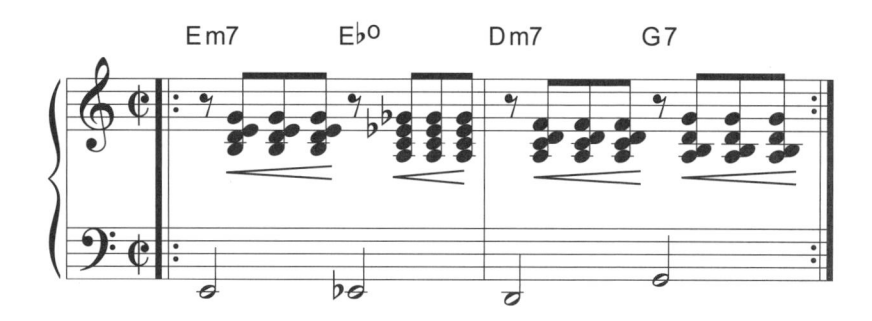

Variação nº 1

Faixa 44

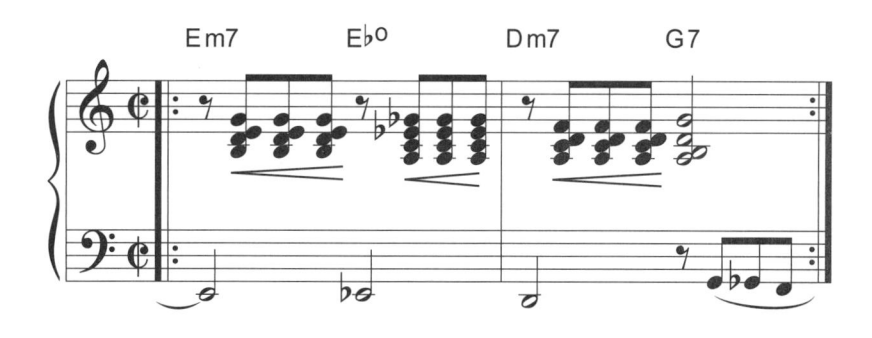

Variação nº 2

Faixa 44

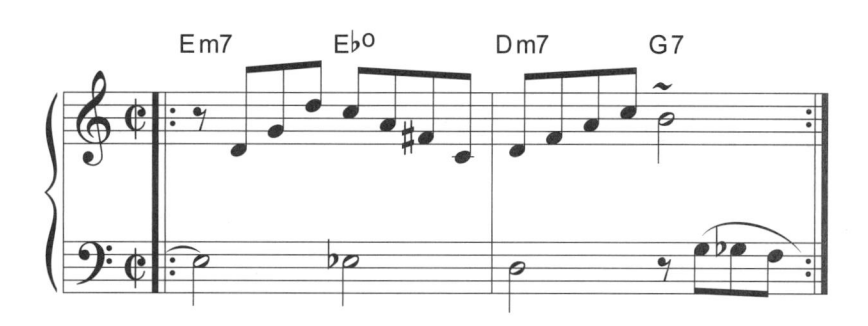

Solo de piano ou teclado

Como as linhas melódicas nesse estilo não apresentam muitas pausas, não precisamos complementar com pulsação ou acentos. Muito comum, nesse caso, a própria melodia definir a harmonia.

Faixa 45

A melodia anterior pode ser tocada com a seguinte linha alternativa do baixo:

Faixa 45

Sempre que a melodia repousar momentaneamente, o pianista/tecladista deverá complementar com pulsação ou com acentos típicos.

Faixa 46

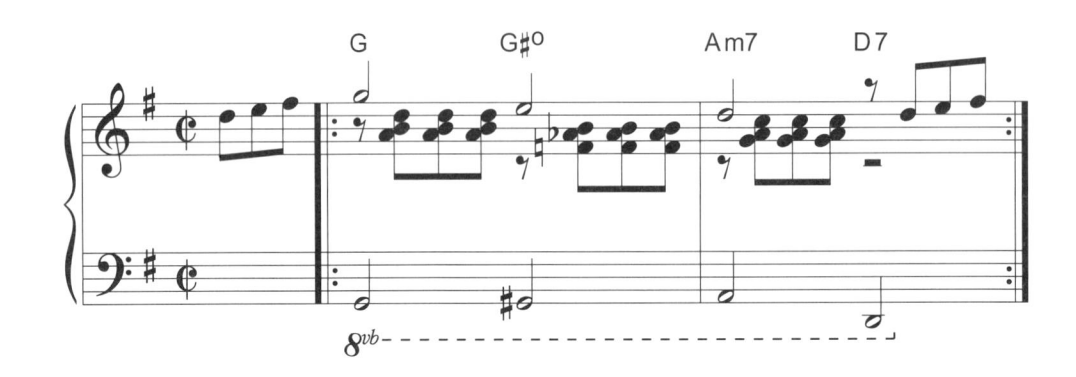

Mais algumas dicas: o pianista/tecladista pode obter bons resultados se considerar o sabor que o cavaquinho pode incorporar à música. Consultar, nesta obra, as instruções apresentadas ao violonista/guitarrista.

Violão ou guitarra

Faixa 47

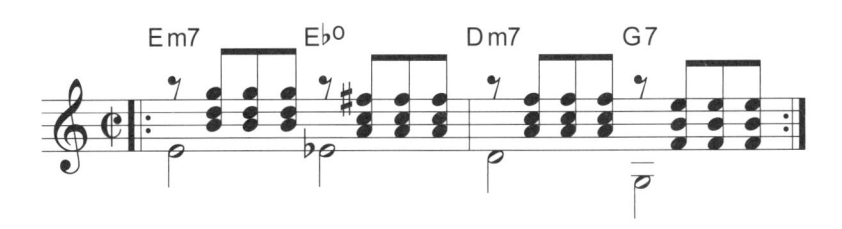

Variação nº 1

Faixa 47

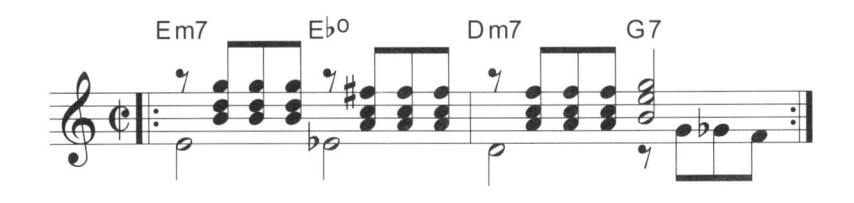

Variação nº 2

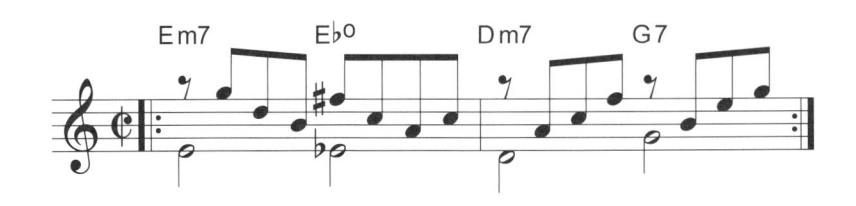

Faixa 47

Observemos ainda dois compassos de um acompanhamento usado pelo violão de 7 cordas (estilo harmônico conhecido como corta-jaca):

Faixa 48

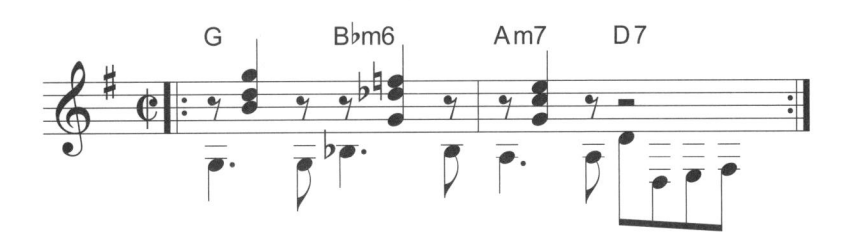

Mais algumas dicas para o violonista/guitarrista: caso queira adicionar o sabor do cavaquinho, ele deve usar as primeiras quatro cordas no registro agudo tocando tríades (muito útil para o cavaquinho) e enfatizar os acentos típicos do choro. Podemos ainda usar as cordas graves para imitar a linha melódica ativa do baixo do violão de 7 cordas. Ao tocar o solo (linha melódica), o violinista/guitarrista também pode usar ornamentos, principalmente *appoggiaturas* e mordentes. Esta última dica é útil para todos os solistas.

Contrabaixo

O contrabaixo pode tocar uma combinação de linha do baixo, linha simplificada do baixo e até mesmo acentos que podem estar no primeiro ou no segundo compasso. Pode, muitas vezes, imitar as linhas melódicas típicas usadas pelo violão de 7 cordas.

Ernesto Nazareth   Cortesia de Luiz Antonio de Almeida

Faixa 49

Mais algumas dicas para o contrabaixista: o contrabaixo pode, ainda, tentar imitar a tuba ao tocar o choro. A tuba era bastante usada pelas bandas típicas ao tocar o maxixe (uma dança da segunda metade do século XIX). Importante ouvirmos e pesquisarmos bandas, como a de Anacleto de Medeiros, por exemplo.

Bateria

Faixa 50

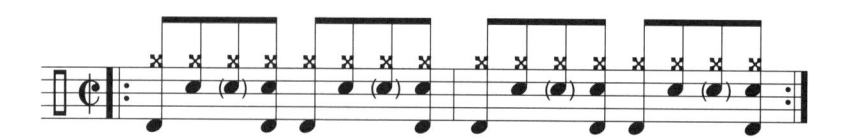

[notação musical]

A pulsação básica e o acento do maxixe podem ser interpretados pelo baterista da seguinte forma:

Faixa 50

[notação musical]

As levadas de choro podem ser úteis para a bateria se forem usadas vassourinhas combinadas com o *hi-hat* (tocado com o pedal, acionado pelo pé) e o bumbo.

Faixa 50

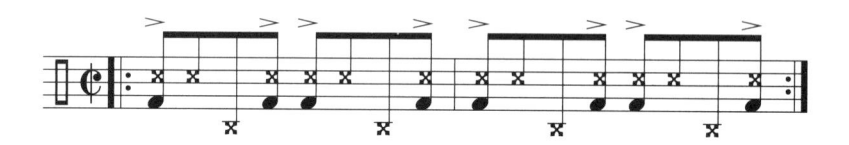

[notação musical]

Observe-se que a terceira colcheia de cada tempo pode ser suprimida, dependendo do andamento (geralmente em um andamento rápido).

Mais algumas dicas para o baterista: a levada do pandeiro também pode ser muito útil como referência para o baterista ou percussionista. Não nos esqueçamos que os acentos devem ser reforçados.

Percussão (pandeiro)

Faixa 51

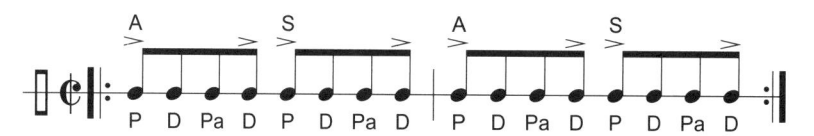

[notação musical]

P D Pa D P D Pa D | P D Pa D P D Pa D

P = polegar, D = dedos, Pa = palma da mão, A= abafando com os dedos, S = soltando os dedos

Observação: nos chocalhos, o ritmo acima deve ser aplicado em diferentes levadas.

Quem toca o que no estilo choro

A pulsação de colcheias deve ser tocada pelo *hi-hat* ou pratos, chocalhos e pandeiro. Os acentos, no piano ou teclado (acordes em posição fechada com a mão direita ou ambas atuando em bloco), violão, cavaquinho (com palheta) e instrumentos de percussão de acento como pandeiro, caixeta (*woodblock*) e até mesmo triângulo (como influência do baião).

Observemos a diferença de instrumentação da percussão em comparação com outros estilos também binários, como o samba, o baião e o choro.

A linha do baixo deve ser tocada pelo contrabaixo (normalmente acústico), pelo bumbo (às vezes pelo surdo), pelo violão de 7 cordas e pelo pandeiro. A linha simplificada do baixo deve ser tocada pela mão esquerda do pianista/tecladista e, no violão, pelo polegar do violonista. Devemos nos lembrar que ambos os instrumentos (piano ou teclado e violão) podem imitar a linha ativa do baixo do violão de 7 cordas.

Oito Batutas (grupo de choro famoso dos anos 1930) Cortesia do Museu da Imagem e do Som (MIS), RJ

Exercícios sugeridos

1. Descreva em poucas palavras o estilo choro.

2. Quais são os compositores mais representativos do estilo choro?

3. Qual a instrumentação básica utilizada no estilo choro?

4. Quais outros instrumentos podem ser usados em choro?

5. Quais ornamentos podem ser usados?

6. Escreva e toque pelo menos duas levadas típicas.

7. Como os acentos que você escreveu para as levadas devem ser interpretados?

8. Quem toca o que no grupo de choro?

9. O que o violonista/guitarrista deve fazer para adicionar o sabor do cavaquinho?

10. Que instrumento o contrabaixo pode tentar imitar no maxixe?

11. Mencione algumas dicas para instrumentos diferentes: piano ou teclado, violão ou guitarra, contrabaixo, bateria e percussão.

JP, saudações
(choro)

Antonio Adolfo

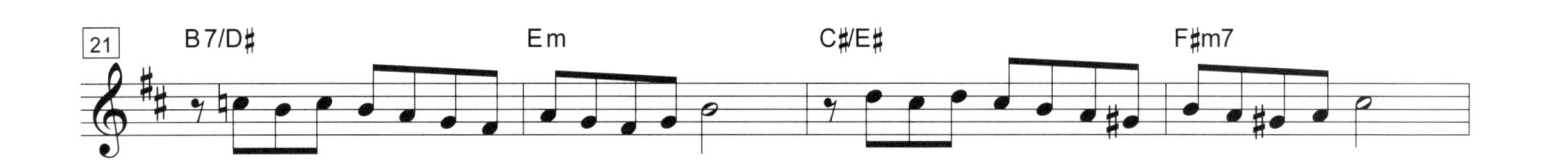

33 Em B7 Em B7
37 G♯o Go F♯o Fo
41 Eo D/A A7 D
45 G D7/4(9) G D7/4(9)
49 Em B7 Em B7
53 G♯o Go F♯o Fo
57 Eo D/A A7 D6

FRASEADO NO ESTILO SAMBA, SEUS DERIVADOS E CHORO

Parte 1

Para obtermos bons resultados ao compor, arranjar e tocar samba, seus derivados e choro, devemos saber como lidar com a síncope rítmica. Existem muitas formas para criar síncopes rítmicas. A mais fácil é antecipar as notas em uma colcheia (um quarto de tempo). Considere o seguinte exemplo, extraído de um *standard* norte-americano:

Se a técnica acima for usada, a síncope rítmica pode resultar na seguinte forma:

Tercinas também podem ser transformadas em síncopes:

Original

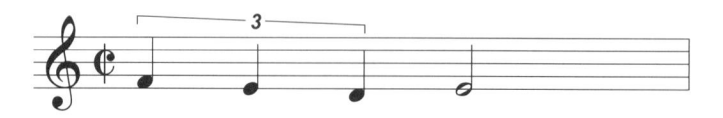

Variação nº 1

Variação nº 2

Vejamos uma frase de um compasso com ritmo não sincopado:

Faixa 53

Dm7 G7

Variação nº 1

Faixa 53

Variação nº 2

Faixa 53

Variação nº 3

Faixa 53

Variação nº 4

Faixa 53

Variação nº 5

[Faixa 53]

Variação nº 6

[Faixa 53]

Variação nº 7

[Faixa 53]

Variação nº 8

[Faixa 53]

Variação nº 9

[Faixa 53]

Observemos agora uma frase de dois compassos:

Faixa 54

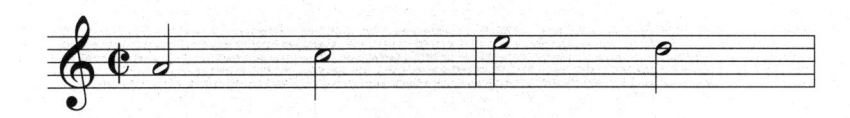

Variação nº 1

Faixa 54

Variação nº 2

Faixa 54

Variação nº 3

Faixa 54

Variação nº 4

Faixa 54

Variação nº 5

[Faixa 54]

Variação nº 6

[Faixa 54]

Variação nº 7

[Faixa 54]

Variação nº 8

[Faixa 54]

Variação nº 9

[Faixa 54]

Exercícios sugeridos

1. Qual a forma mais fácil de criar síncopes rítmicas?
2. Descreva como as tercinas podem ser transformadas.
3. Crie pelo menos cinco possibilidades sincopadas para a seguinte frase não sincopada:

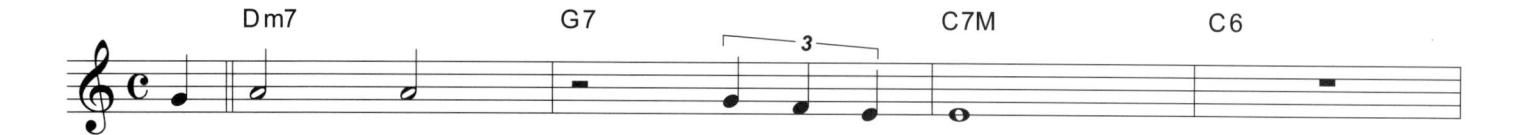

Parte 2

Os exemplos apresentados nesta seção são mais usados em música instrumental. Aqui, estão algumas dicas para obtermos bons resultados, especialmente através do uso de acentos e *ghost notes*. Para tanto, é importante compreender a "ginga brasileira" inerente ao modo de frasear ("o movimento sensual de uma mulata, o gracioso e preciso balanço do jogador de futebol, o balanço da batida do samba, a malandragem do carioca, tudo isso é 'ginga', talvez a melhor palavra para descrever o caráter nacional brasileiro...").[9] Veremos, através de exemplos musicais, como essa ginga pode ser expressa. Serão apresentados alguns acentos com determinados símbolos parecidos com os dos instrumentos de sopro. Serão mostradas ainda as *ghost notes*, utilizando-se símbolos (x) como se fossem notas escritas para bateria e/ou percussão.

Fraseado apoiado em acentos típicos

Importante considerar que os acentos devem ser enfatizados. Isso é de grande importância. As levadas apresentadas ao longo do livro devem servir como um guia para mostrar onde acentuar, ou não. Por exemplo, em vez de tocar quatro colcheias:

Baseados nesse desenho rítmico, podemos tocar:

A terceira colcheia deve ser tocada, mas não considerada de grande importância. Comparativamente, ela deve ter bem menos importância em relação às outras notas. O desenho rítmico anterior também pode ter acento curto na semínima.

---

[9] N. do E. Definição poética escrita pelo jornalista Giba Ferreira, do jornal *News From Brasil*, de Los Angeles.

A mesma frase ainda pode ser interpretada de diversas maneiras:

Variação nº 1

Faixa 55

O acento curto (ʌ) pode ser substituído por um *staccato* (·). Como no exemplo anterior, os acentos são reforçados.

Variação nº 2 utilizando a primeira colcheia como uma *ghost note*:

Faixa 55

A variação acima deve começar *pianissimo* (*pp*). A última colcheia é *forte* (*f*) e a semínima é *mezzoforte* (*mf*). Essas *ghost notes* se encaixam muito bem numa seção em que dois instrumentos diferentes estejam tocando em uníssono ou em oitavas. Os instrumentos atuam de forma diferente. Um toca a nota que deve ser, supostamente, uma *ghost note*, enquanto o outro a omite.

Acentos no partido-alto

Os acentos típicos do partido-alto podem ser encontrados vez por outra em frases musicais.

Faixa 55

Sempre que forem encontradas possibilidades de partido-alto, os acentos devem ser reforçados.

Faixa 55

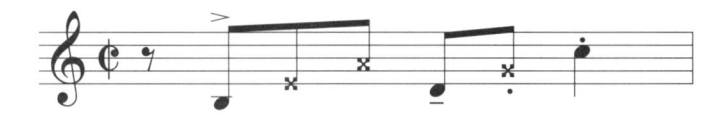

Principalmente se os acentos de partido-alto forem bastante óbvios.

Faixa 55

Importante lembrar que uma das características dos acentos típicos de partido-alto é um compasso sendo iniciado com uma pausa de colcheia seguida por uma semínima pontuada. A semínima pontuada deve ser sempre acentuada. A continuação dessa levada pode variar bastante.

Vejamos uma melodia diferente:

Se o ritmo acima for tocado conforme escrito, ele parecerá sem "cor", mas se adicionarmos fraseado típico, os resultados serão muito melhores:

Faixa 55

Em estilos mais rítmicos, quando forem encontradas semínimas sincopadas, elas podem ser tocadas *staccato*.

Nesse caso, sempre que a primeira nota do compasso for antecipada em uma nota colcheia isolada, como no exemplo anterior, ela deverá ser acentuada com um (>). Isso pode ser aplicado também quando a primeira nota de um compasso for antecipada em uma semínima que gere uma síncope.

Faixa 55

Levadas não sincopadas

Faixa 55

Devem ser interpretadas da seguinte maneira:

Faixa 55

Se as colcheias forem notas idênticas, não é necessário ligá-las, mas podemos adicionar um *staccato* à semínima seguinte:

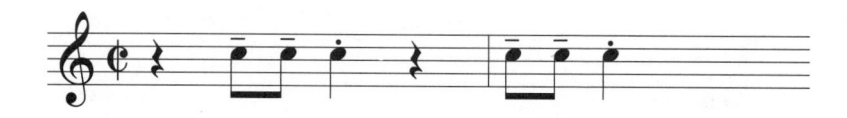

Faixa 55

Exercícios sugeridos

1. Como a frase musical a seguir pode ser interpretada em estilos no compasso 2/2 (¢)?

2. Como as frases musicais a seguir podem ser interpretadas em estilos predominantemente rítmicos?

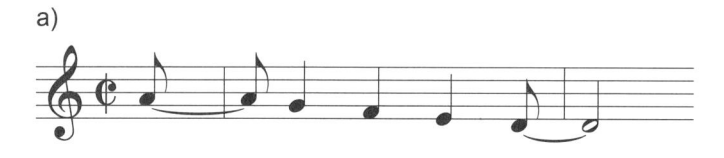

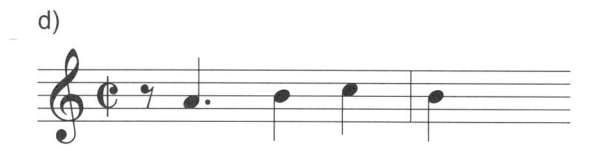

   a)

   b)

   c)

   d)

Samba-canção

O samba-canção também poderia ser chamado de choro-canção. Em música popular, a palavra "canção" pode significar "canção de andamento lento" e o samba-canção usa as levadas rítmicas do choro (e não do samba) tocadas em andamento lento. O samba-canção originou-se nos anos 1950, no Rio de Janeiro e em São Paulo, tornando-se um estilo cosmopolita. Na época, o bolero, proveniente da América Central, era muito popular no Brasil. Arranjos orquestrados e gravados por artistas como Xavier Cugat, Armando Manzanero, Lucho Gatica, entre outros, faziam muito sucesso no Brasil. Compositores brasileiros adotaram alguns elementos do bolero, como a harmonia sofisticada e os arranjos para cordas e instrumentos de sopro, mas não absorveram muito o sabor centro-americano da seção de percussão própria do estilo, composta por congas, guiros, maracas, entre outros instrumentos. Em vez disso, aplicaram o estilo brasileiro, com pandeiro e caixeta, instrumentos usados no samba e no choro. Talvez, o "modernismo" do bolero explique por que a maioria dos compositores, que foram atraídos para desenvolver o bolero brasileiro, tenha sido composta de músicos influenciados pela música centro e norte-americana. Provavelmente, o nome do novo estilo, "samba-canção", refletisse o sentimento de que o choro estivesse ultrapassado. O samba-canção era (e ainda é, mesmo que tenha adquirido características mais modernas) um estilo muito popular no Brasil. Entretanto, é confundido erradamente com canções lentas que são estritamente comerciais e sem características brasileiras. O que dá ao samba-canção o caráter próprio é sua harmonia sofisticada (vejamos os exemplos de progressões neste livro), melodias bem construídas, jeito leve de ser executado e, claro, letras apaixonadas e nostálgicas. Repare no estilo de intérpretes e compositores como Sylvia Telles, Maysa, João Gilberto, Tom Jobim, Dolores Duran, Tito Madi, Lúcio Alves, Dick Farney, entre outros, para perceber o que é o samba-canção. Excelentes compositores, como João Donato, João Bosco, Chico Buarque, Caetano Veloso e muitos outros ainda compõem canções características do estilo samba-canção. Para maior compreensão sobre o assunto, é importante pesquisarmos o trabalho de cada um dos compositores e intérpretes citados.

Orquestração

Pode-se dizer que no samba-canção é possível encontrar seções de cordas, assim como piano ou teclado, acordeon, violão ou guitarra, contrabaixo e bateria. A bateria, normalmente, é tocada com vassourinhas e, ocasionalmente, vassourinhas e baquetas. A percussão também pode incluir clave, chocalhos, reco-reco e guiro. Trata-se de um estilo que deve ser interpretado de forma suave.

Harmonia

Progressões usadas na bossa-nova também são bem-vindas no samba-canção, que apresenta um estilo muito rico harmonicamente. Vejamos algumas progressões comumente utilizadas:

Progressão	Exemplo em Dó Maior
I7M(9) VIm7(9) IIm7(9) V7($^{9}_{13}$)	C7M(9) Am7(9) Dm7(9) G7($^{9}_{13}$)
#IVm(b5) IVm6 IIIm7 bIII° IIm7(9) bII7(9)	F#m(b5) Fm6 Em7 Eb° Dm7(9) Db7(9)

Além das progressões apresentadas, podemos, ainda, considerar outras possibilidades de substituição de acordes como, por exemplo, substituições diatônicas e não diatônicas também empregadas na bossa-nova, e o uso de notas de extensão de acordes como nonas, décimas primeiras, décimas terceiras etc. Outras possibilidades são:

1. Substituição de acorde alterando o sentido harmônico...

Dm7   G7   C7M

... substituído por:

D7M(9)   Bm7(9)   A7M(9)

2. Uso de um acorde por nota...

C7M   B♭7M

... substituído por:

C7M   Dm7 Em7 F7M Bm7   B♭7M

Levadas e dicas

3. Como mencionado anteriormente, o samba-canção usa as mesmas levadas do choro, porém, normalmente escrito em 𝄵 (4/4).

Levada nº 1

Levada nº 2

Levada nº 3

Levada nº 4

João Bosco   Foto de Beti Niemeyer

Observemos como a levada da página 87 pode ser interpretada por diferentes músicos.

Piano ou teclado

A faixa 56 ilustra uma levada combinada para piano ou teclado.

Faixa 56

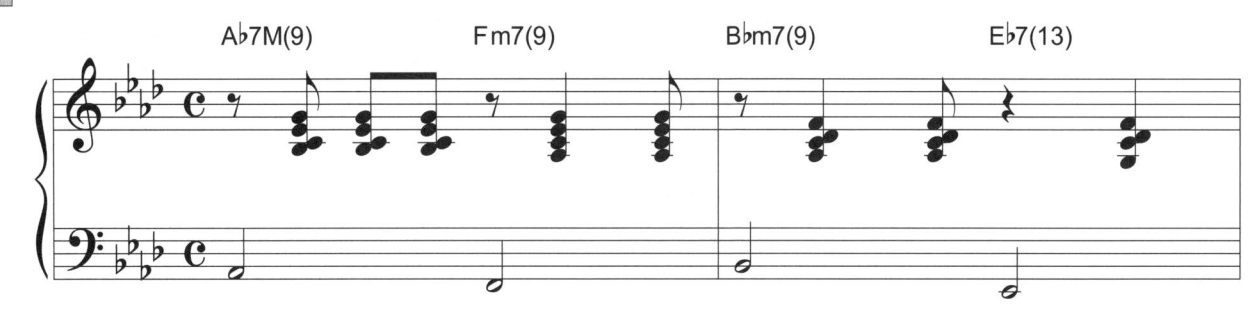

A levada de dois compassos a seguir é baseada na nº 4.

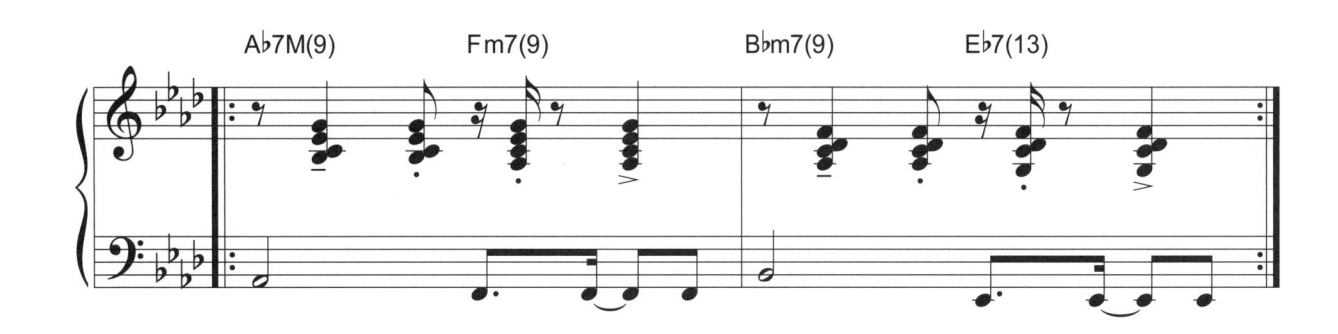

Violão ou guitarra

Eis uma combinação de levadas diferentes:

Faixa 57

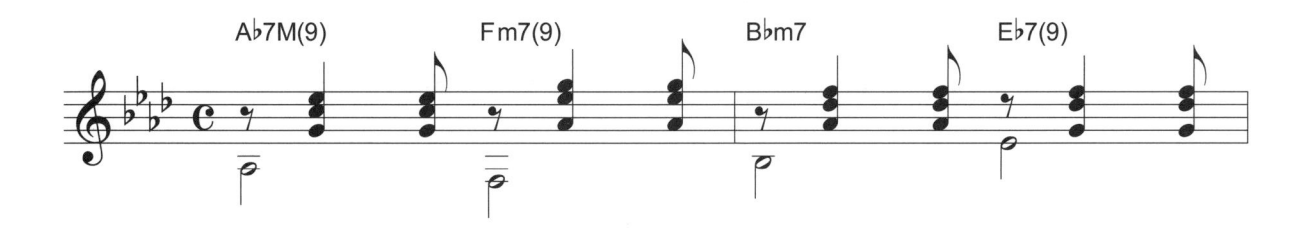

A levada de dois compassos a seguir é baseada na nº 4.

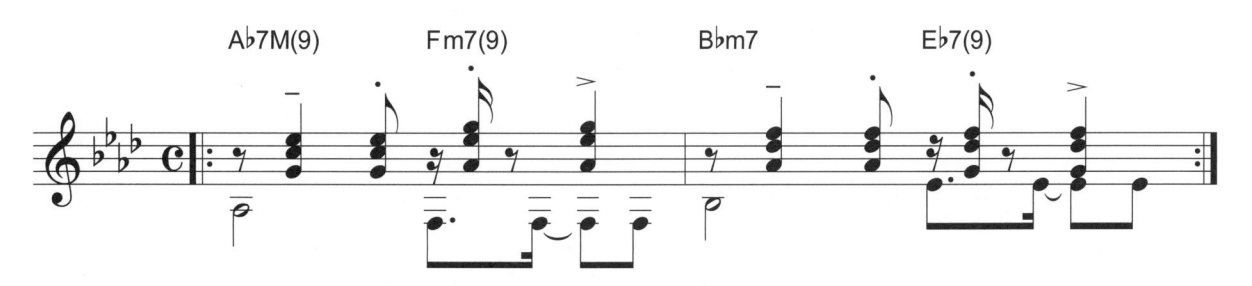

Contrabaixo

Faixa 58

Linhas do baixo sofisticadas, combinando ritmos diferentes, também podem ser empregadas:

Faixa 58

Bateria

Levada combinando diferentes acentos:

Faixa 59

Percussão (chocalho)

Faixa 60

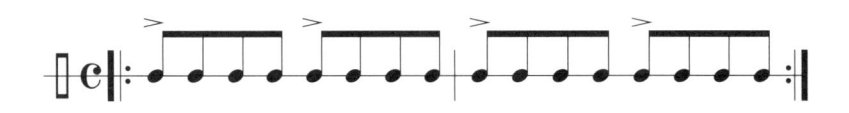

Percussão (clave)

Faixa 60

Melodia e fraseado

Ornamentos, tais como mordentes e, às vezes, *appoggiatura* podem ser empregados para enriquecer melodias que, frequentemente, utilizam tercinas.

Faixa 61

Exercícios sugeridos

1. Descreva o estilo samba-canção.

2. Quais são os estilos que mais influenciaram o samba-canção?

3. Cite três características encontradas no samba-canção.

4. Cite três compositores brasileiros que escreveram, ou ainda escrevem nesse estilo.

5. Sugira uma formação de grupo musical ideal para tocar samba-canção.

6. Mostre pelo menos uma progressão harmônica estendida encontrada nesse estilo.

7. Toque no instrumento e/ou escreva pelo menos três levadas para samba-canção.

8. Descreva duas características melódicas do estilo samba-canção.

Copacabana 54
(samba-canção)

Antonio Adolfo

PARTE II
Estilos originados no Nordeste do Brasil

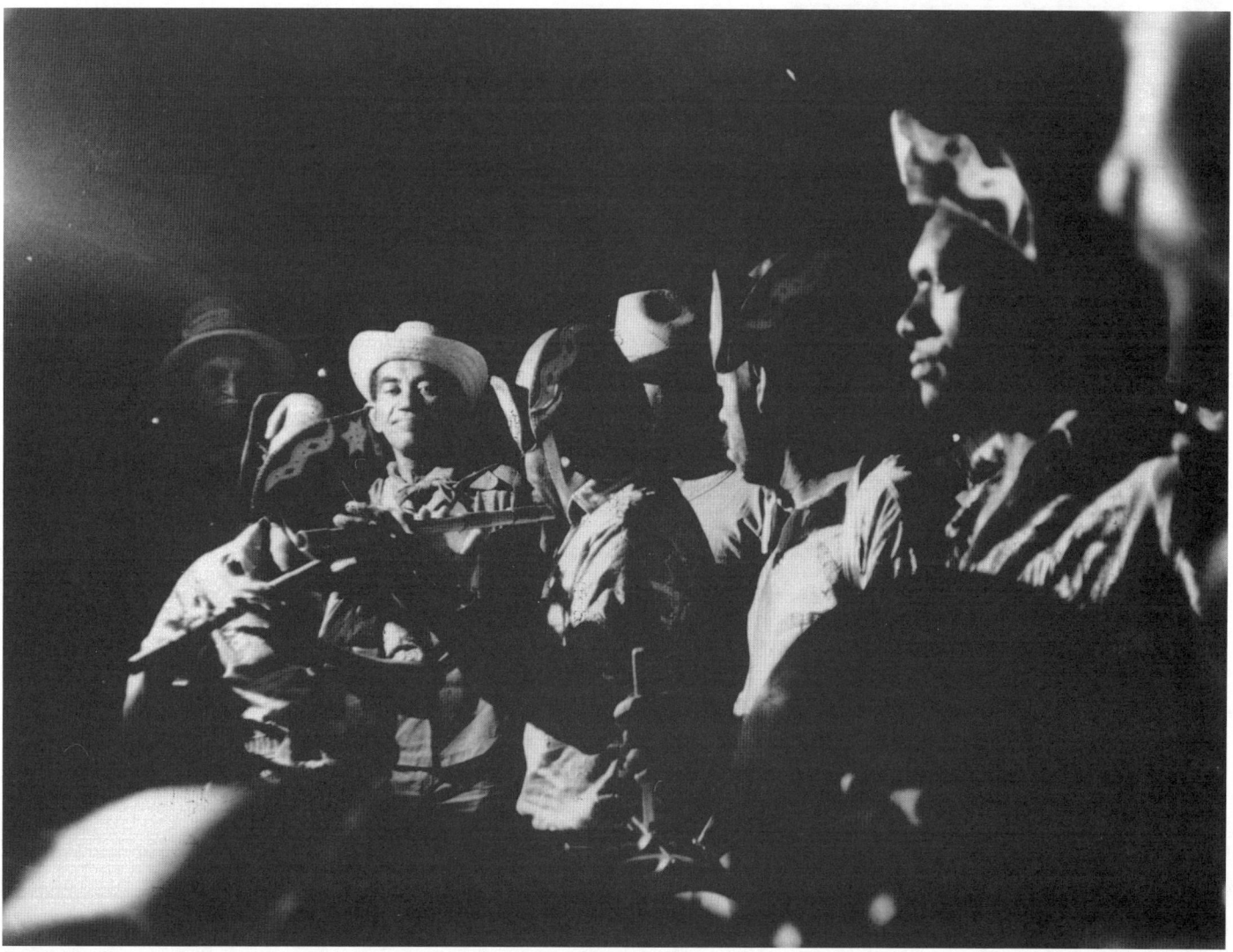

Banda de pífanos
Foto de Graça Casotti

Os dois principais estilos nordestinos, o baião e o frevo, refletem as duas entidades geográficas e culturais que compõem o Nordeste do Brasil. Como sabemos, o sertão é um extenso planalto semiárido que cobre o interior de muitos estados do Nordeste brasileiro. Trata-se de uma área rural pobre, frequentemente atingida por longas e cruéis secas. Os filhos e filhas dos fazendeiros e habitantes pobres dos vilarejos do sertão crescem para se tornar imigrantes nas grandes cidades do Brasil. Mas antes de partirem, eles aprendem sua música - o baião - e seus derivados. Para muitos nordestinos, a única coisa que resta no momento de deixar o sertão é a música. A estreita planície costeira, por outro lado, se parece mais com uma terra de praias tropicais. Mesmo que não seja rica, a área costeira possui economia mais forte. Existem cidades maiores. De acordo com Jack Cousineau, músico, pesquisador e professor em Los Angeles, EUA, "as cidades costeiras, com suas inúmeras bandas militares, são os pontos geográficos que deram origem ao frevo".

Baião

Um dos estilos brasileiros mais ricos e populares provém do Nordeste do Brasil. O baião tem alguns derivados, como o xaxado (que também é uma dança), toada (baião em andamento lento), coco, forró (nome também dado a festas dançantes populares no nordeste e que se expandiram por todo o país) e quadrilha (caminho da roça), entre outros. Imagina-se que a palavra "forró" seja a aproximação brasileira da expressão "*for all*" em inglês. Conta a história que os marinheiros ingleses quando de licença em terra, na cidade portuária de Recife, deram sua contribuição ao aportuguesamento da palavra por procurarem diversão "para todos" (*for all*). Cumpre ressaltar que não há consenso entre muitos linguistas e etnógrafos sobre essa versão. Há alguns outros estudiosos que atribuem o termo forró a uma corruptela de "forrobodó".

A maioria desses estilos é usada extensivamente em "quadrilhas" (termo também utilizado para festas dançantes populares durante os meses de junho e julho). O baião e seus derivados, em sua forma mais autêntica, são tocados por um trio composto de acordeon, triângulo e zabumba. A zabumba é um tambor grave achatado. O músico toca a linha rítmica do baixo com uma baqueta pesada (maceta), batendo na parte superior do tambor, e usa uma vareta de metal leve para tocar os acentos em combinação com a pulsação na parte inferior. De forma tradicional, esses trios atuavam especialmente na temporada de festas de "quadrilha", festas juninas. Hoje em dia, porém, atuam durante todo o ano.

Os elementos musicais são distribuídos da seguinte forma:
- melodia e harmonia: tocadas pelo acordeon;
- pulsação e acento: tocados pelo triângulo e pela vareta usada pelo zabumbeiro;
- linha rítmica do baixo: tocada pela zabumba.

Triângulo — Foto de Wilton Montenegro

Faixa 63

Existem excelentes acordeonistas no Brasil que tocam ou tocaram baião e seus derivados. Entre eles se destacam: Dominguinhos, Oswaldinho, Chico Chagas, Caçulinha, Toninho Ferragutti, Sivuca, Chiquinho e Luiz Gonzaga (este último conhecido como "o rei do baião"). Muitos nasceram no nordeste e depois migraram para áreas mais cosmopolitas. Nas grandes cidades, os músicos com orientação jazzística logo adotaram o potente *swing* e as qualidades modais do baião. O baião é hoje também parte integral da fusão chamada jazz brasileiro, e alguns músicos originários do nordeste passaram, ao longo de sua carreira, de shows de canções tradicionais em pequenos vilarejos a tocar esse estilo musical sofisticado e riquíssimo nos maiores festivais de jazz, tanto no Brasil quanto no exterior. Este livro apresenta, de forma técnica, alguns derivados do baião presentes nos "forrós", as festas de que falamos e que são animadas pelo trio nordestino composto por acordeon, triângulo e zabumba, e algumas vezes expandidos para um quarteto, que inclui um cantor interpretando letras, muitas vezes, jocosas.

Orquestração

Além do grupo típico de baião mencionado na página anterior, também existe um violão, nesse caso, uma viola de 10 cordas (5 x 2) comumente usado(a) para estilos mais lentos e suaves, como a toada, no nordeste, e até em outros estados (Minas Gerais, Mato Grosso), que é semelhante ao violão de 12 cordas norte-americano, sem a sexta corda, Mi. Como na música *folk* americana, os músicos "violeiros" tradicionais brasileiros usam diversas afinações. As violas de 10 cordas, assim como a rabeca (um violino rústico), podem ser encontradas em algumas interpretações de "cantadores". A rabeca pode tocar somente uma nota repetitiva em uma corda, enquanto alguém canta versos poéticos, passando através das notas da escala modal usada para esse tipo de música. Normalmente, esses "cantadores" e "violeiros" conseguem produzir verdadeiras obras-primas.

Faixa 64

Rabequeiro desconhecido   Reprodução: Cafi

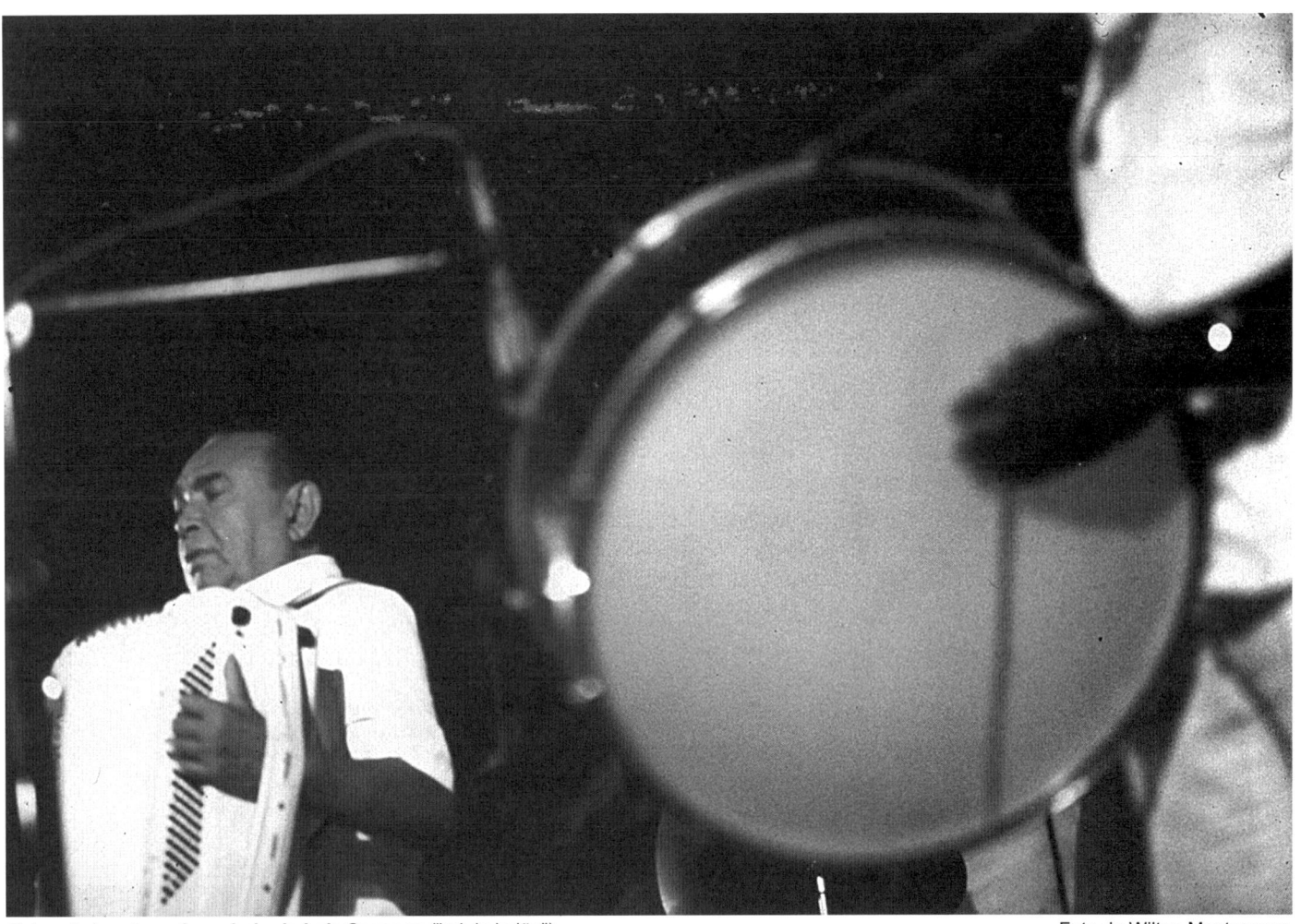

Zabumbeiro atuando ao lado de Luiz Gonzaga ("rei do baião")   Foto de Wilton Montenegro

Harmonia

O baião e seus derivados preservam o hibridismo modal composto por duas escalas diferentes, mais um tonalismo, caracterizado pelo acorde V7 no quinto grau, que, muitas vezes, é utilizado:

Lídio ♭7

Mixolídio

O resultado final é um composto de:

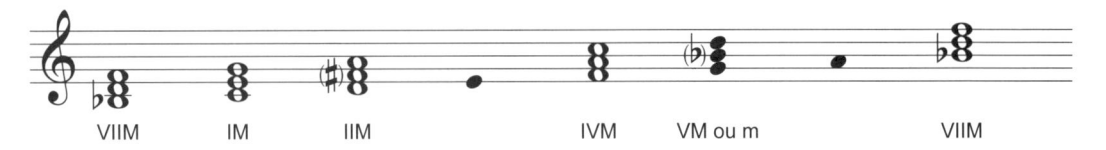

VIIM   IM   IIM   IVM   VM ou m   VIIM

Podemos ainda encontrar outros modalismos no baião: dórico, frígio, mixolídio e, principalmente, eólio.

Observação: pode-se encontrar alguns exemplos no livro deste mesmo autor *Leitura, conceitos e exercícios*, com melodias compostas sobre esses modos (escalas), no capítulo que trata de modalismos.

Levadas e dicas

Instrumentistas, normalmente, devem se considerar percussionistas também. Se, por exemplo, o pianista/tecladista tocar um acento qualquer, que seja típico de percussão, ele deverá, de alguma maneira, tentar imitar a execução de tal instrumento de percussão. Portanto, os instrumentos típicos usados no baião e seus derivados devem servir como um guia para diferentes músicos.

Levada nº 1

Na levada seguinte, o baterista deve tocar o acento na caixa ou no aro da caixa (*rimshot*):

Levada nº 2

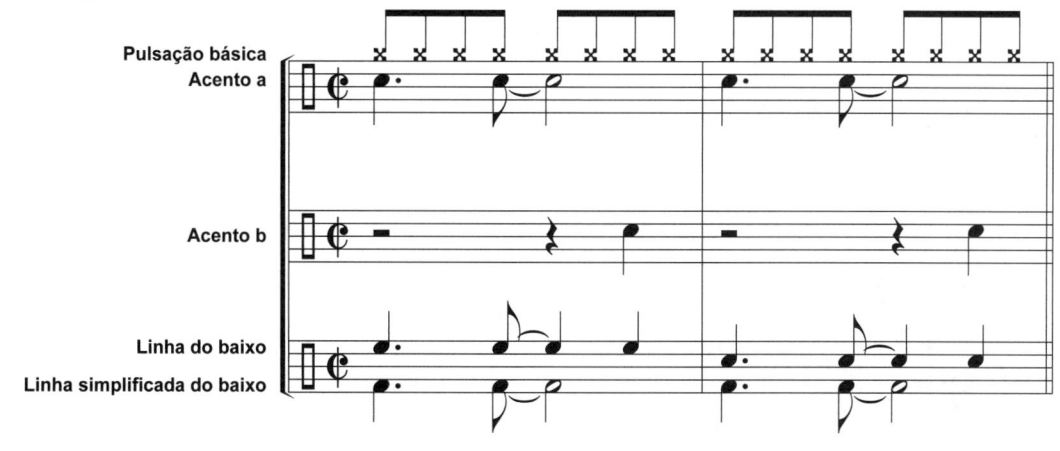

Levada nº 3

Levada nº 4

A levada abaixo é conhecida como coco:

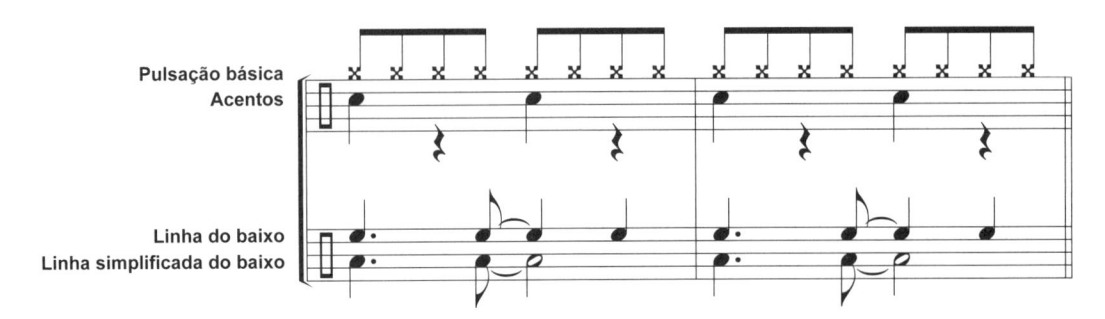

Pulsação básica
Acentos

Linha do baixo
Linha simplificada do baixo

Levada nº 5

Pulsação básica
Acento a

Acento b

Linha do baixo
Linha simplificada do baixo

Vejamos como a levada nº 1 pode ser interpretada por diferentes músicos:

Piano ou teclado

Faixa 65

G7

O pianista/tecladista, ao tocar notas repetitivas, poderá imitar a pulsação do triângulo:

Faixa 65

G7

... ou transformar algumas das notas da pulsação em *ghost notes*:

Faixa 65

G7

Muito comum para o pianista/tecladista, para tocar a pulsação básica, é usar o estilo arpejado:

Faixa 65

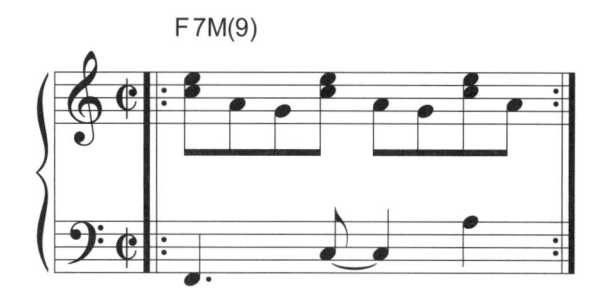

Violão, viola ou guitarra

Faixa 66

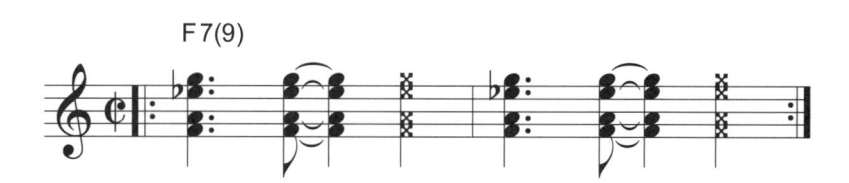

Assim como indicado para o pianista/tecladista, o violonista/guitarrista também pode imitar a pulsação do triângulo:

Faixa 66

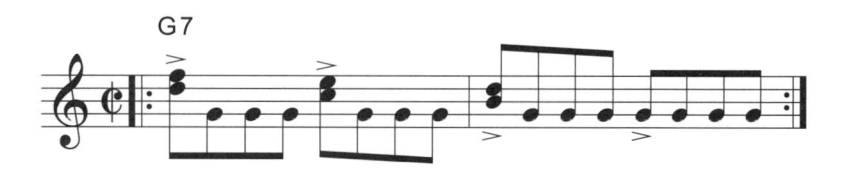

... ou transformar algumas das notas da pulsação em *ghost notes*:

... usando o estilo arpejado (o uso de cordas abertas é muito eficiente, especialmente na toada):

Aqui vão mais algumas opções para a guitarra: usar a técnica de *strumming* com uma palheta, em movimentos ascendentes e descendentes:

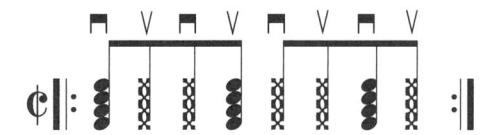

O estilo de acompanhamento também pode ser usado pelo acordeon, abrindo e fechando o corpo do instrumento. A guitarra, assim como o acordeon, pode usar esse estilo no frevo, no xote e no afoxé.

Podemos usar na guitarra acento *ghost* no quarto tempo abafando as cordas com a mão:

Faixa 66

A técnica acima também pode ser empregada pelo contrabaixista.
Algumas vezes, no entanto, acento *ghost* pode se encontrar em momentos diferentes:

Faixa 66

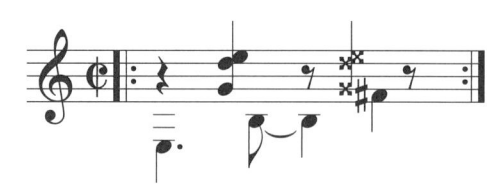

Para tocar de maneira contemporânea, o violonista/guitarrista pode variar as levadas tradicionais tocando não apenas acordes, mas também notas alternadas (abafadas ou não).

Contrabaixo

O contrabaixista e o pianista/tecladista, com sua mão esquerda, podem, como diferentes opções, repetir o baixo na fundamental ou usar tríades em posição aberta ou fechada. Sempre que a última opção ocorrer, o pianista/tecladista tocará a linha do baixo em vez da linha simplificada do baixo:

Faixa 67

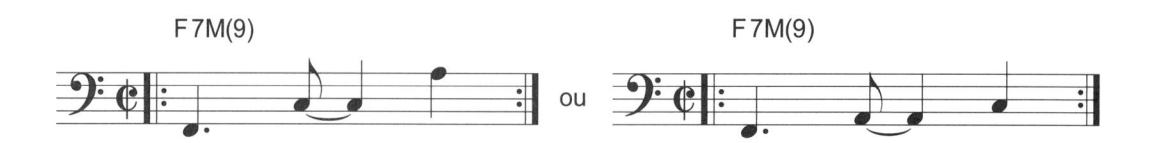

F 7M(9)   ou   F 7M(9)

Dependendo do acorde, eventualmente, o contrabaixista e o pianista/tecladista podem usar uma nona maior, em vez da décima, para que seja criada uma sensação de sofisticação para a harmonia. Isso também é útil no estilo toada.

Faixa 67

F 7M(9)

O contrabaixista também pode escolher entre a terça e a quinta nos acordes dominantes, geralmente no registro médio:

Faixa 67

F7

O contrabaixo também pode alternar notas entre a fundamental e a quinta, dependendo do tipo de acorde (por exemplo: em acordes que contenham a quinta diminuta ou aumentada, a fundamental deve ser tocada novamente na mesma oitava ou oitava abaixo), exceção feita quando se tratar de acorde IIm7(♭5) se encaminhando para o V7, quando se pode utilizar a quinta diminuta, já que esta resulta em aproximação cromática com o baixo do acorde seguinte (acorde dominante).

Outras variações para o contrabaixo:

Faixa 67

D7 ou D7M ou Dm7

fund   ♯4ª   5ª

D7 ou D7M ou Dm7

fund   ♯4ª   5ª

Levada de dois compassos:

Faixa 67

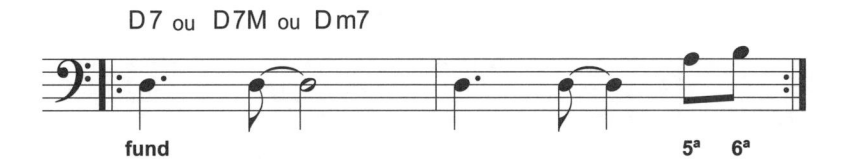

D7 ou D7M ou Dm7

fund   5ª   6ª

Levada de dois compassos com influência latina:

Faixa 67

fund   5ª   fund   5ª   5ª↓   7ª↓

Bateria

Faixa 68

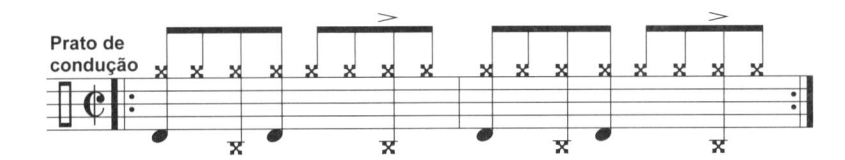

O baterista pode imitar as levadas da zabumba e do triângulo tocando, por exemplo, este último na cúpula do *hi-hat*:

Faixa 68

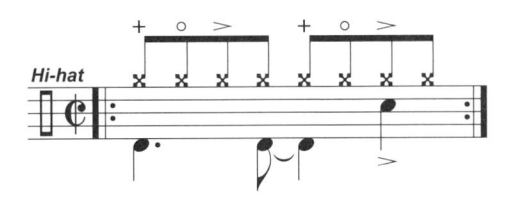

A distribuição da pulsação básica e dos acentos pode ser interpretada de diferentes formas:

a) Suprimindo-se algumas notas da pulsação (normalmente para andamentos rápidos e para situações em que há outros instrumentos tocando a pulsação básica):

Faixa 68

ou

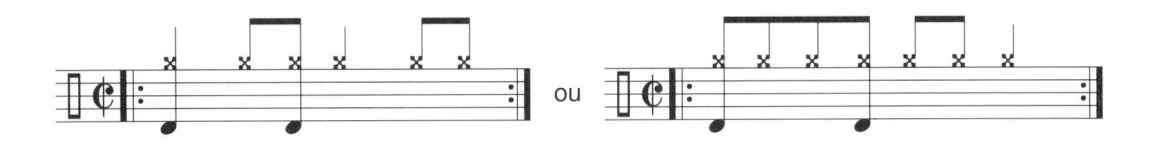

b) Distribuindo-se a pulsação por diferentes peças da bateria:

Faixa 68

ou

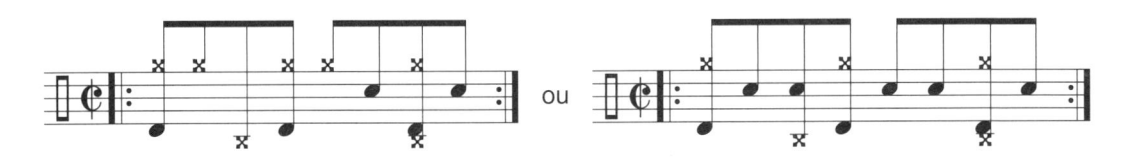

c) Adicionando-se uma pulsação mais ativa:

Faixa 68

ou

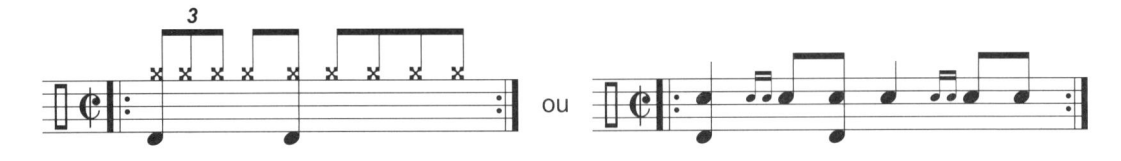

d) Usando-se *buzz notes* e acentuando notas específicas:

Faixa 68

e) Acentuando-se através da utilização de *hi-hat* aberto e cúpulas de pratos:

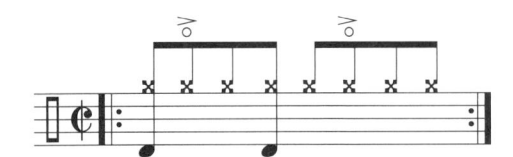

Faixa 68

Percussão (*cowbell*)

Faixa 69

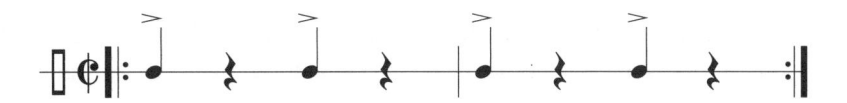

Percussão (triângulo)

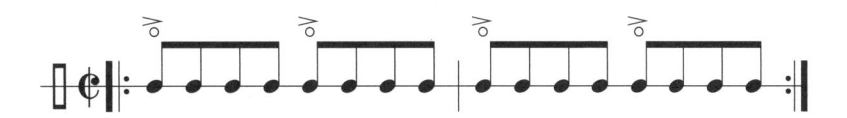

O triângulo, normalmente, pode pulsar de diferentes maneiras utilizando acentos diversos:
a)   Com acentos no tempo forte:

Faixa 70

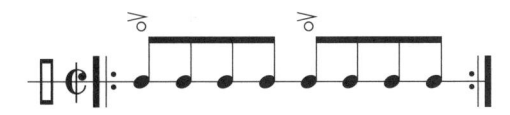

b)   Com acentos no contratempo:

Faixa 70

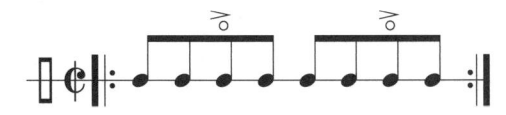

c)   Com acentos no tempo forte, suprimindo-se algumas notas da pulsação (muito eficiente em andamentos rápidos):

Faixa 71

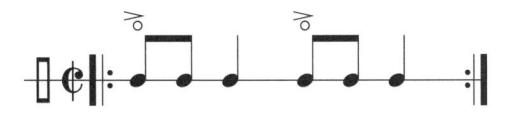

Percussão (chocalhos)

Faixa 72

Percussão (zabumba)

Faixa 73

Vejamos mais opções para a zabumba no tópico "Afoxé e maracatu (estilos afro-brasileiros)", página 117.

Quem toca o que no estilo baião

A pulsação básica (colcheia) deve ser tocada pelos chocalhos, *hi-hats* ou pratos, triângulo e acordeon (os acentos também podem ser tocados pelo acordeon). Importante lembrar que a pulsação momentaneamente, imitando o triângulo, também pode ser tocada pelo piano ou teclado e pelo violão ou guitarra. O acento "a" deve ser tocado pelo piano ou teclado, pelo violão ou pela guitarra e pelos instrumentos de percussão de acento. O acento "b" também pode ser tocado por instrumentos de percussão de acento, como o "*cencerro*" (*cowbell*), clave e agogô. Os padrões rítmicos fundamentais (página 20) são bem-vindos no estilo baião. A linha do baixo deve ser tocada pelo contrabaixo, pelo bumbo, pela percussão grave (zabumba), pela mão esquerda do pianista/tecladista e pelo polegar do violonista/guitarrista.

Fraseado típico

No estilo baião existem fraseados específicos. Os acentos típicos devem ser enfatizados: o acento da caixa resultando em síncopes.

Faixa 74

ou

Em geral, os acentos no baião servem como um guia para o fraseado:

Faixa 74

ou

Assim como nos estilos samba e choro, as *ghost notes* devem ser interpretadas apropriadamente...

...devem ser interpretadas da seguinte forma:

Faixa 74

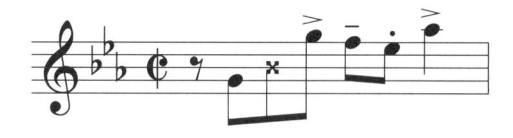

Todos os ritmos citados acima, assim como os seguintes, são muito usados em melodias no estilo baião:

Faixa 74

Acento sutil na semínima oferece bons resultados.

Zabumbeiro desconhecido
Foto de Wilton Montenegro

Exercícios sugeridos

1. Defina brevemente as características culturais nordestinas que tiveram influência na música brasileira.

2. Defina brevemente o estilo baião.

3. Como são distribuídos os elementos musicais em um grupo típico de baião?

4. Quais estilos derivados podem ser tocados com a mesma instrumentação?

5. Descreva o violão típico usado no estilo baião e seus derivados.

6. Quais escalas são comumente usadas?

7. Quais os acordes empregados nessas escalas?

8. Escreva e toque pelo menos três diferentes levadas de baião.

9. Descreva como o piano ou teclado e/ou o violão ou a guitarra podem imitar o triângulo.

10. Como o violão ou a guitarra e/ou contrabaixo podem usar acento *ghost* ao acompanhar?

11. De que forma o baterista pode imitar o triângulo e a zabumba?

12. Quem, normalmente, toca o acento no tempo forte?

13. Escreva e toque a levada da zabumba acrescentada de acento no tempo fraco.

14. Quem toca o que no estilo baião?

15. Sugira um grupo ideal para o estilo baião.

Zabumbaia
(baião)

Antonio Adolfo

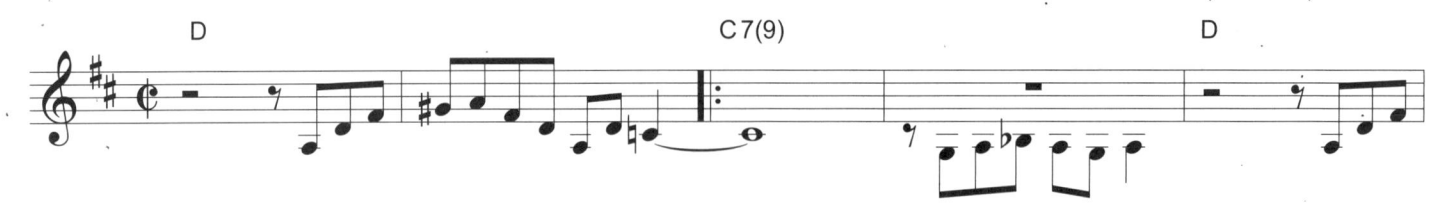

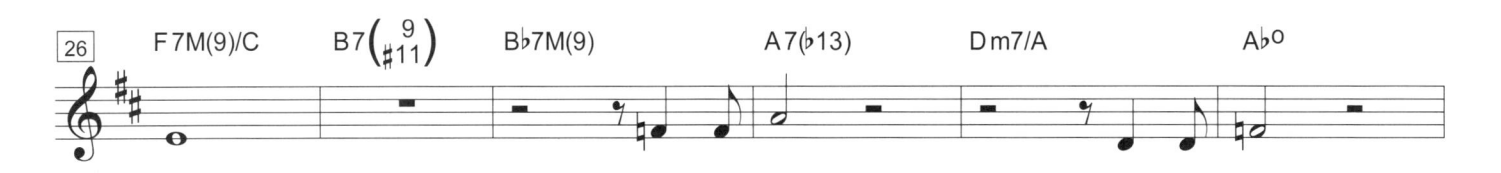

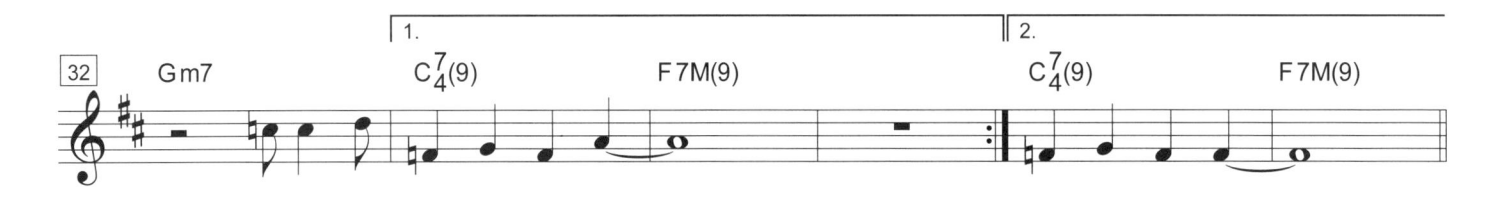

Toada

Toada é um estilo tradicional, de origem nordestina, amplamente usado pelos compositores antes de 1960. Durante o final dos anos 1960, a toada ganhou novo impulso porque os compositores, influenciados pela bossa-nova, desenvolveram a sofisticação inerente a esse estilo bastante lírico, usando uma abordagem harmônica moderna. Além de alguns acordes típicos de bossa-nova, algumas novas cores apareceram. Acordes com baixo invertido/alternativo (alterado), geralmente com terças, quintas e sétimas no baixo, são frequentemente usados. Esses acordes, junto com o acento da linha básica do baixo do baião, representam as principais características da toada, que resultou em algumas grandes canções, como "O cantador", "Viola enluarada" e "Sá Marina", entre outras. Grande parte da substituição de acordes usada nesse estilo foi baseada em acordes com baixo alternativo. As características modais e semimodais, já vistas no estilo baião, podem ser encontradas também na toada.

Toada e baião

A toada é um derivado mais lírico do baião. As diferenças básicas entre os dois estilos são, principalmente, a harmonia, o andamento, que deve ser mais lento na toada (no baião, ele é médio e rápido), e a sonoridade, que é mais suave na toada. Muito semelhante à toada nordestina é a toada mineira.

As levadas são as mesmas para ambos os estilos.

Orquestração

Quanto à instrumentação utilizada, pode ser composta por um grupo básico, como visto anteriormente. Se desejarmos manter as características típicas da toada, não nos esqueçamos de adicionar, por exemplo, um triângulo, acordeon e uma viola caipira (viola de 10 cordas). Em termos de instrumentos de sopro, a flauta é recomendada tanto para o baião quanto para a toada. Ela pode substituir a flauta de pífano, que ainda é usada em "bandas de pífanos" - grupo formado por dois pífanos fabricados em madeira ou bambu - que toca predominantemente utilizando intervalos de terças. As flautas, normalmente, tocam melodias líricas e, dependendo da harmonia, podem fazer uso de melodias típicas caracterizadas por modalismos já vistos quando estudamos o baião. "Banda de pífanos" e "cantadores do sertão" são bons exemplos da ambiência brasileira que desenvolveu essa rica tradição musical inerente aos diferentes estilos derivados do baião.

Harmonia

Toada e choro representam os dois estilos brasileiros com o maior número de possibilidades de acordes com baixo alternativo. A combinação de baixo alternativo com os acordes de tipo $\frac{7}{4}$ (com quarta e sétima) oferece o verdadeiro sabor da toada. Devemos praticar essas progressões harmônicas aplicando as levadas da toada.

Alguns exemplos com progressões típicas:

[Faixa 76]

Progressão	Exemplo em Dó Maior
IV7M(9) - V7/7 - I7M/3 - VI7$\left(_{\flat 13}^{\flat 9}\right)$ - II7/7 - V$_4^7$ - I7M	F7M(9) - G7/F - C7M/E - A7$\left(_{\flat 13}^{\flat 9}\right)$ - D7/C - G$_4^7$ - C7M

[Faixa 76]

Outra progressão em Dó Maior
C6 - Dm/C - C6 - D7/C - Bm7 - A$_4^7$(9) - D7M(9) - G$_4^7$(9) - F7M(9) - G/F - C7M/E - G$_4^7$(9) - C

Exercícios sugeridos

1. Quais as principais diferenças entre os estilos baião e toada?
2. Qual seria o grupo ideal para o estilo toada?
3. Cite um instrumento típico usado, principalmente, na toada.
4. Quais os acordes mais comumente utilizados no estilo toada?

Viola toada
(toada)

Antonio Adolfo

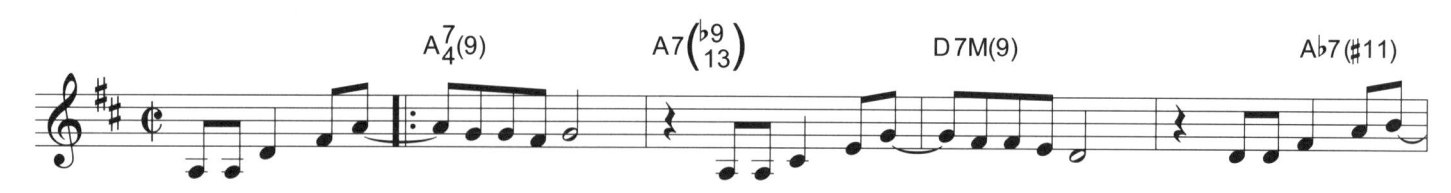

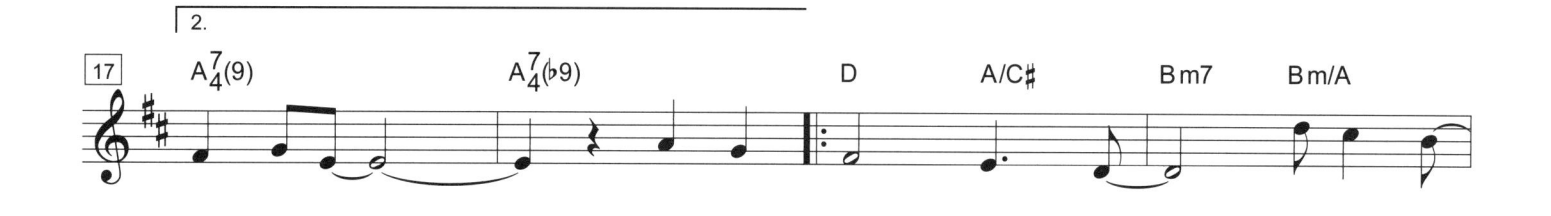

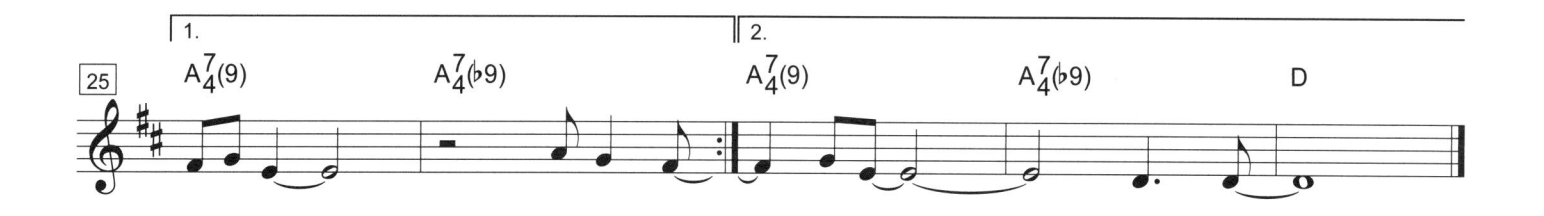

Quadrilha (caminho da roça)

O estilo denominado quadrilha é considerado um derivado do baião em alguns aspectos, como na instrumentação, no andamento rápido, na harmonia e nas escalas típicas. A quadrilha é, normalmente, tocada e dançada nas mesmas festas em que se toca o baião, ou seja, nos "forrós" e nas festas juninas.[10] Interessante observar como a dança de quadrilha tem influência europeia, provavelmente devido à "colonização holandesa" na região nordeste. Trata-se de um estilo bastante dançante, com andamento rápido, normalmente superior a 96 BPMs (batidas por minuto) contadas na fórmula de compasso 4/4.

Orquestração

O grupo típico no estilo quadrilha é o mesmo do baião, composto por acordeon, triângulo e zabumba. Pode incluir, eventualmente, um cantor.

Levada

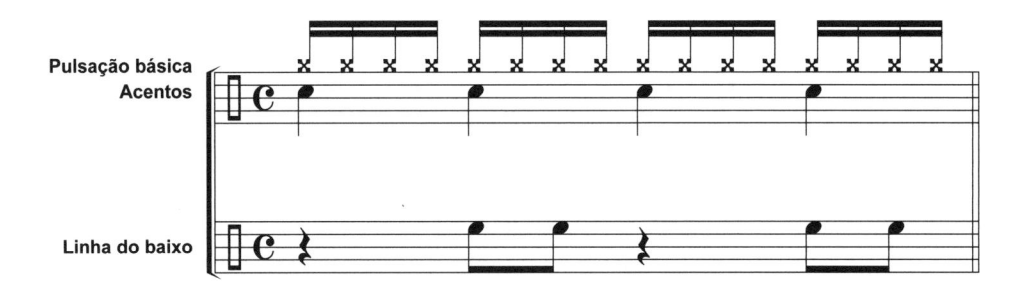

Vejamos como a levada do estilo quadrilha pode ser interpretada por diferentes músicos.

Piano ou teclado

Observação: em vez de a utilização de duas mínimas, outra opção é a utilização de uma semibreve para o acorde da mão direita.

Violão ou guitarra

O violonista/guitarrista pode tocar fundamentado na pulsação, utilizando *strumming* ou pode, ainda, basear-se nos acentos do tempo forte, contraponteando com os acentos *upbeat* (contratempo). Outras possibilidades dependem da eficiência e da criatividade do violonista/guitarrista.

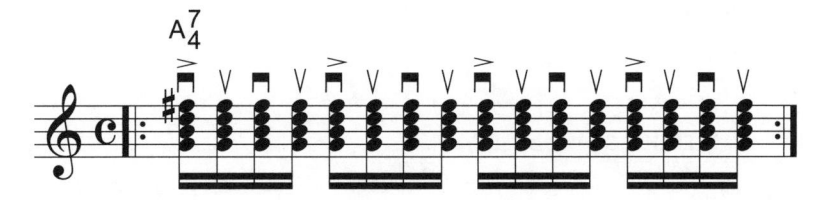

---

[10] Hoje em dia, o calendário festivo não é seguido à risca e essas festas podem ocorrer não apenas em junho, mas também em julho, agosto e até mesmo em outras épocas do ano.

... ou

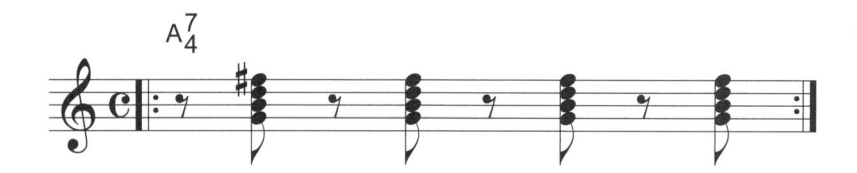

Contrabaixo

Os contrabaixistas podem usar tanto a linha do baixo...

... ou a variação:

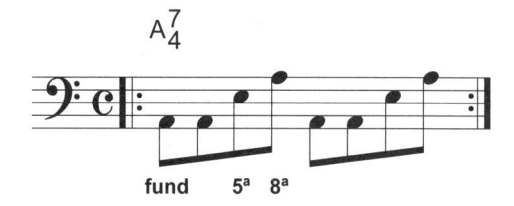

fund   5ª   8ª

Bateria

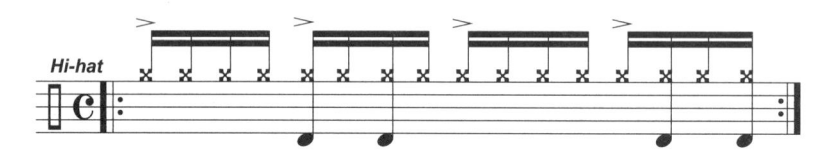

Percussão (triângulo)

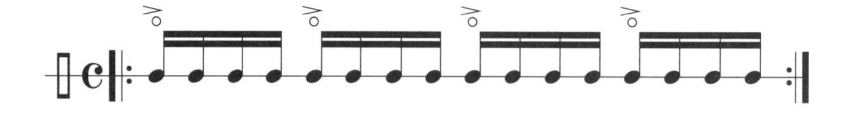

Percussão (acentos - *cowbell*)

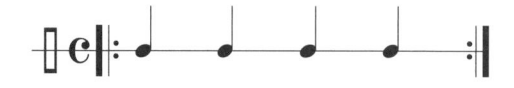

Percussão (zabumba)

Típico trio nordestino Foto de Wilton Montenegro

Quem toca o que no estilo quadrilha

Os elementos e parâmetros rítmicos podem ser usados da mesma forma que são utilizados no baião. A melodia e a harmonia são normalmente apresentadas pelo acordeon. Quando há um cantor, o acordeonista geralmente toca harmonia e contracantos. A pulsação básica e os acentos são tocados pelo triângulo. Observemos que o acordeon, piano ou teclado e violão ou guitarra também podem desempenhar esse papel, e a linha rítmica do baixo é tocada pela zabumba, pelo contrabaixo e pelo bumbo da bateria. Como nos demais estilos apresentados neste livro, devemos considerar que o típico (de cada estilo) deve servir como referência para qualquer músico, tanto para o que toca os instrumentos também típicos (de cada estilo), quanto para músicos que utilizam os demais instrumentos, desde que sejam incorporados os elementos típicos apresentados.

Exercícios sugeridos

1. Descreva brevemente o estilo quadrilha.
2. Qual a fórmula de compasso encontrada no estilo quadrilha?
3. Descreva um grupo típico do estilo quadrilha.
4. Escreva e toque uma levada do estilo quadrilha em seu instrumento.
5. Ilustre como a levada do estilo quadrilha pode ser interpretada por diferentes músicos.

Caminho da roça
(quadrilha)

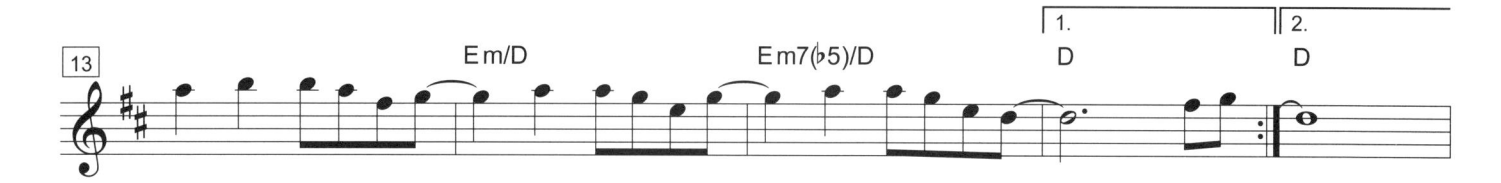

Antonio Adolfo

Xote

O xote é um estilo muito interessante e, como mencionado no estilo quadrilha, ele também pode ser considerado um derivado do baião, principalmente devido à sua instrumentação e origem no Nordeste do Brasil. Embora esse estilo tenha se originado no estado do Piauí (noroeste do Nordeste brasileiro), ele ainda é considerado parte da região nordestina. É dançante e tocado em forrós, e muitas estórias de caráter jocoso também são apresentadas.

Chiquinho e Sivuca   Foto de Wilton Montenegro

Baião e xote

Apesar de, em termos de harmonia, ambos poderem usar acordes e sequências semelhantes, existem diferenças básicas entre os dois estilos: o andamento (médio para o xote) e a fórmula de compasso em 4/4 com pulsação em tercinas de colcheias, o que faz com que, nesse item, por incrível que pareça, possa aproximá-lo do *reggae*.

Orquestração

O estilo xote utiliza, normalmente, a mesma instrumentação do baião e do estilo quadrilha. Muito importante que seja mantida a instrumentação semelhante. Não nos esqueçamos que o triângulo é fundamental.

Levadas e dicas

Levada nº 1

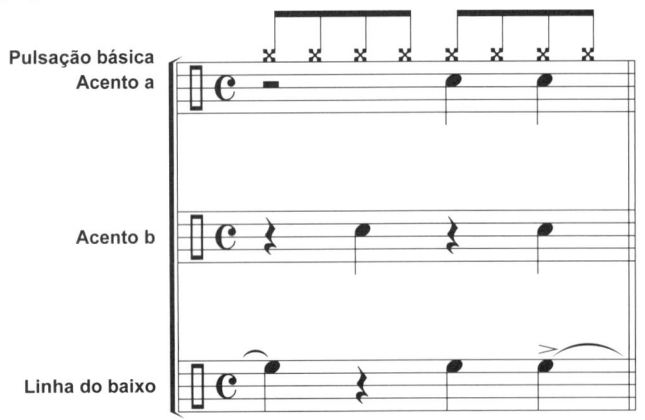

Levada nº 2

Vejamos como a levada nº 1 deve ser interpretada por diferentes instrumentos.

Piano ou teclado

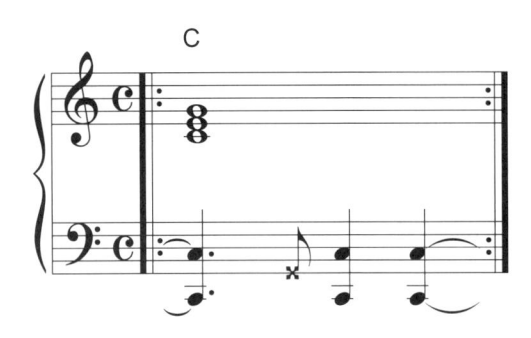

Violão ou guitarra (*strumming*)

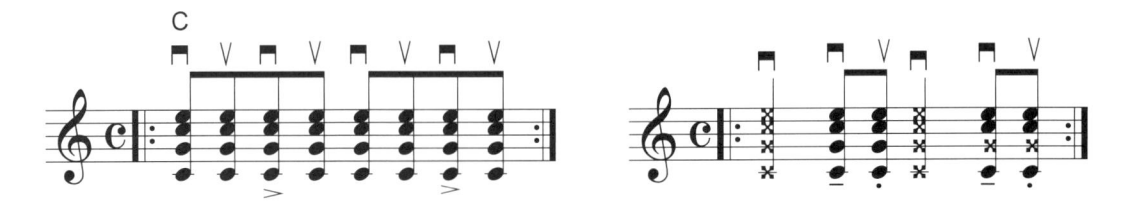

O violão (ou a guitarra) pode tocar acordes não acentuados utilizando *ghost notes*. Eventualmente, a pulsação pode ser simplificada.

Uma boa variação para violão ou guitarra que também é usada em piano ou teclado:

Contrabaixo

Uma *ghost note* pode ser inserida na segunda colcheia do segundo tempo, bem como um acento no último tempo:

Bateria

Hi-hat ou prato de condução
Caixa ou aro da caixa (*rimshot*)
Tom grande (*medium tom*)
Bumbo
Hi-hat (tocado pelo pé)

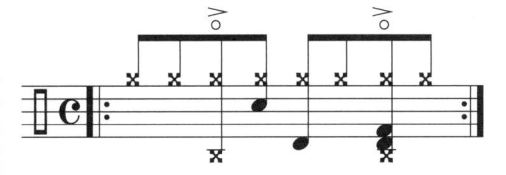

A levada do prato de condução e/ou do *hi-hat* também pode ser tocada pelo triângulo.

Quem toca o que no estilo xote

A pulsação básica deve ser tocada pelo triângulo (estilo tradicional), *hi-hat* ou pratos, violão ou guitarra, acordeon (tradicional) e qualquer instrumento de pulsação tipicamente nordestino. Os acentos são tocados, normalmente, pelo piano ou teclado e pelos instrumentos de percussão de acentos típicos. Uma boa opção seria o acento "a" tocado pelo piano ou teclado e o acento "b" tocado pelo violão ou pela guitarra. A linha do baixo deve ser tocada pelo contrabaixo, pelo bumbo, pela zabumba (tradicional), pela mão esquerda do pianista/tecladista e pelo polegar do violonista/guitarrista.

Exercícios sugeridos

1. Descreva brevemente o estilo xote.

2. Qual a fórmula de compasso normalmente usada no estilo xote?

3. Como a pulsação básica deve ser interpretada?

4. Escreva e toque uma levada de estilo xote em seu instrumento.

5. Dê algumas dicas para diferentes instrumentos.

Caranguejo
(xote)

Antonio Adolfo

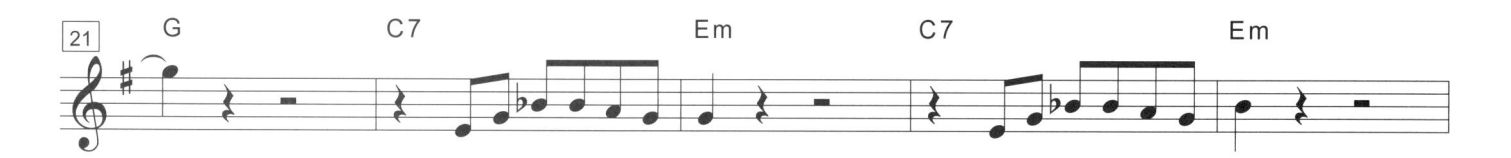

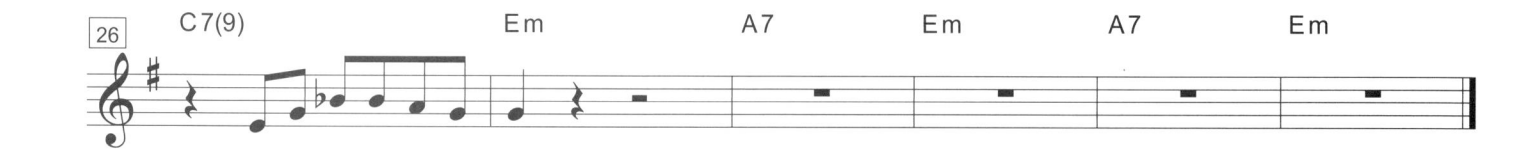

Afoxé e maracatu (estilos afro-brasileiros)

Durante as últimas décadas, dois estilos nordestinos foram incorporados à música popular brasileira. Ambos são estilos com origem religiosa na cultura afro-brasileira: o afoxé (ijexá), com origem no candomblé, e o maracatu, que presta homenagem a Nossa Senhora do Rosário. Ambos os estilos também são uma dança. O afoxé e o maracatu se expandiram através das celebrações de carnaval na Bahia (afoxé) e Pernambuco (maracatu), e passaram a ser nacionalmente absorvidos por compositores de música brasileira e artistas como Gilberto Gil, Caetano Veloso, entre muitos outros. Importante ressaltar que esses estilos apresentam, basicamente, mais sofisticação rítmica do que harmônica. A combinação de melodia e harmonia é mais uma abordagem, principalmente, modal. Ambos são normalmente escritos em 4/4. Melodicamente, o ritmo é menos sincopado no afoxé do que no maracatu.

Exemplos de melodias típicas

Afoxé

Maracatu

Ambos os estilos podem ser fundidos com alguns outros, como samba e baião. Lembre-se de que a levada do maracatu pode ser considerada um padrão rítmico fundamental.

Orquestração

Afoxé

Entre os instrumentos de percussão típicos utilizados no afoxé, temos: atabaques ou tumbadoras (congas), agogô e xequerê. Pode-se acrescentar a percussão mencionada ao grupo básico formado por piano ou teclado, violão ou guitarra, contrabaixo e bateria. Um triângulo também pode ser incluído, com resultado bem satisfatório.

Orquestração

Maracatu

O grupo original é composto por uma pesada seção de percussão que usa diferentes tambores, chocalhos típicos, agogô e cantores.

Gilberto Gil — Foto de Beti Niemeyer

Levadas e dicas

Afoxé

Levada nº 1

Pulsação/Acento a
Acento b

Acento c

Acento da linha do baixo

Levada nº 2

Pulsação/Acento a
Acento b

Acento c

Acento da linha do baixo

Vejamos como a levada nº 1 pode ser interpretada por diferentes instrumentos.

Piano ou teclado

Faixa 80

Eis uma boa opção para o piano ou teclado:

Faixa 80

119

Violão ou guitarra[11]

Faixa 81

Faixa 81

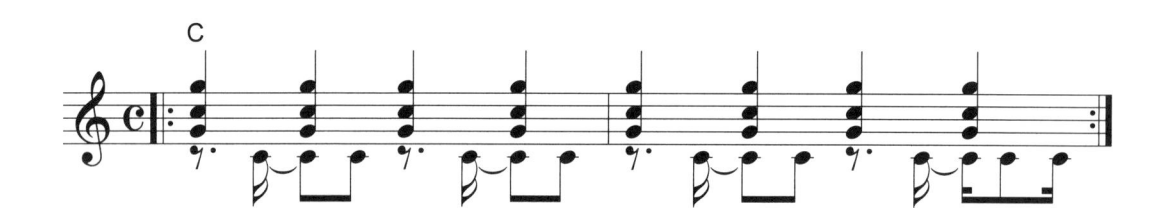

Algumas boas opções para o violão ou a guitarra:

Faixa 81

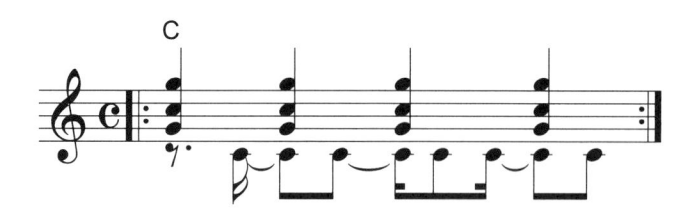

O uso de *double stops* é outra boa opção. O violonista/guitarrista deve usar uma palheta.

Faixa 81

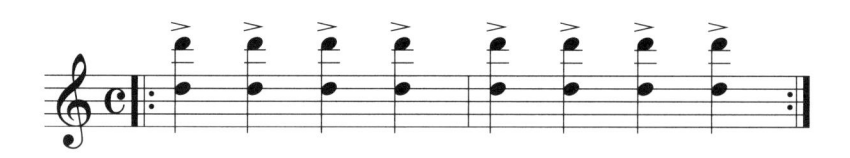

Funciona melhor quando enriquecido de *ghost notes* complementares:

Faixa 81

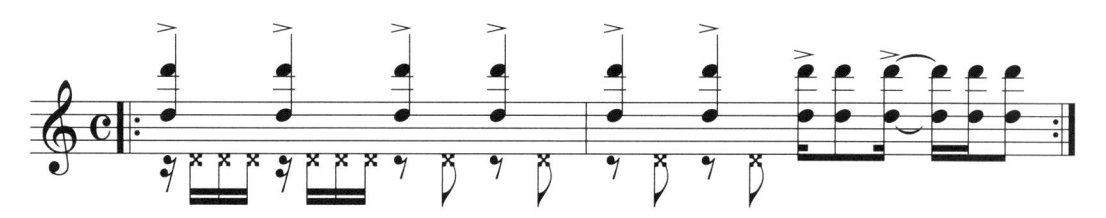

Outro exemplo para violão ou guitarra:

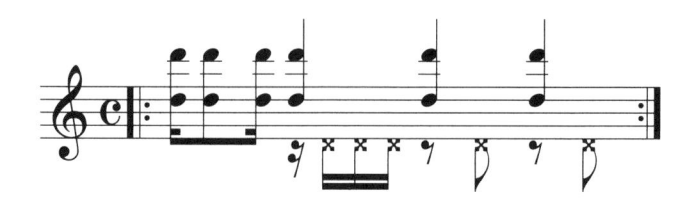

As levadas de *double stops* acima podem ser usadas com diferentes acordes: D, Dm, G, Gm, F, B♭, Am, C, Cm etc. Como opção, o violonista/guitarrista também pode tocar utilizando técnicas, tais como o *double stop*, sem as *ghost notes*.

---

[11] A guitarra é mais usada do que o violão.

Contrabaixo

Faixa 82

Faixa 82

Faixa 82

Faixa 82

Faixa 82

Bateria

Faixa 83

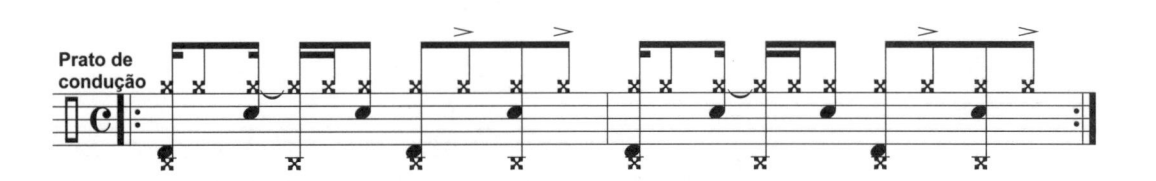

Faixa 83

O prato de condução pode ser tocado utilizando-se a cúpula (*bell cup*), como uma forma de imitar o *cowbell*.

Percussão (atabaques)

Faixa 84

Percussão (agogô)

Faixa 84

Opção para o agogô (levada invertida):

Faixa 84

Levadas de maracatu

Levada para a pulsação básica:

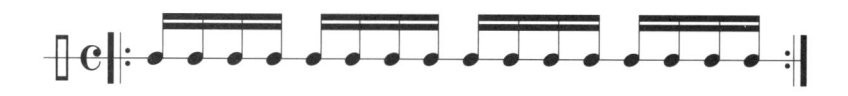

Variação do acento nº 1 (muito eficaz para *hi-hats*):

Faixa 85

Variação do acento nº 2 (eficaz quando usada no triângulo):

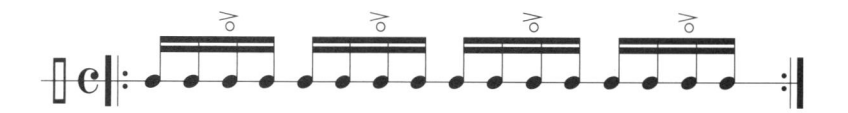

Faixa 85

Acento a (do maracatu):

Faixa 86

Acento b (indicado para a caixa, pode ser usado por diferentes instrumentos de acento):

Faixa 87

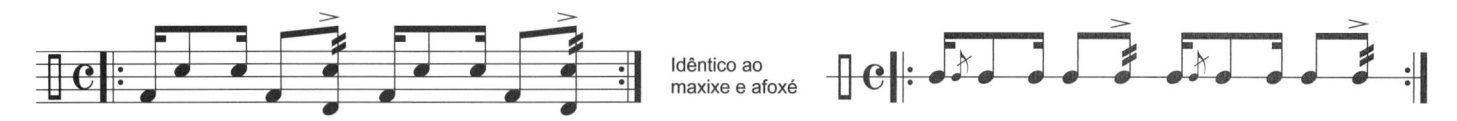

Idêntico ao maxixe e afoxé

Acento c (indicado para a caixa, pode ser usado por diferentes instrumentos de acento):

Acento d (indicado para a caixa, pode ser usado por diferentes instrumentos de acento):

Acento e (similar ao do baião; indicado para chocalhos ou *hi-hat*):

Acento f (indicado para a caixa e para alguns instrumentos de percussão de acento):

ou

Vejamos mais algumas possibilidades para diferentes instrumentos:

Piano ou teclado

Faixa 88

Acentos como este último podem ser usados pelo piano ou teclado.

Violão ou guitarra

A sugestão é pelo uso de linhas melódicas curtas e rítmicas de violão ou guitarra, com as cordas abafadas e *staccato* com uma palheta para os diferentes acentos.

Contrabaixo[12]

Algumas levadas boas para contrabaixo:

Faixa 89

Faixa 89

Faixa 89

Faixa 89

Percussão / bateria

Vejamos algumas levadas para zabumba e bumbo que também podem ser usadas em combinação com o *hi-hat* tocado pelo pedal:

Faixa 90

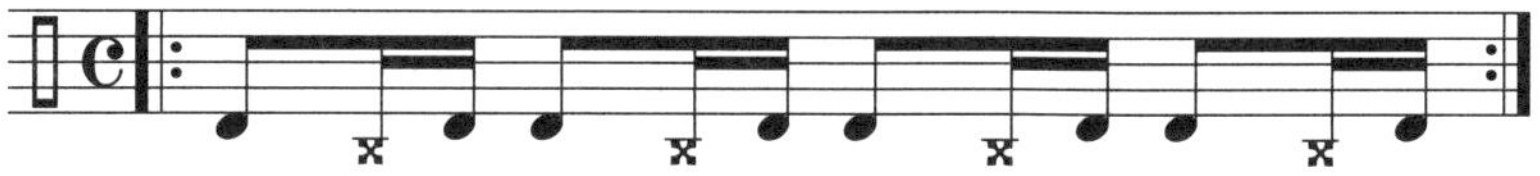

Faixa 90

Faixa 90

Como falamos anteriormente, as levadas de maracatu podem ser usadas em diferentes estilos, como samba, baião e choro. Sua utilização é eficaz em proporcionar certa sofisticação rítmica a outros estilos.

---

[12] O contrabaixo elétrico é mais usado.

Quem toca o que no estilo afoxé[13]

A pulsação básica deve ser tocada por chocalhos, triângulo, *hi-hat* ou prato de condução. Importante alternar entre o prato de condução e a cúpula do prato (*bell cup*). Os acentos "a" e "b" na levada nº 1 devem ser tocados pelo piano ou teclado e pelo violão ou pela guitarra. Os acentos "c", principalmente, pela caixa. A percussão pode escolher entre os acentos "a" e "b". A levada de triângulo usada no baião (acento no tempo forte) também é útil. O acento da linha do baixo deve ser tocado pelo bumbo. O piano ou teclado e o violão ou a guitarra também podem tocar o acento da linha do baixo.

Exercícios sugeridos

1. Descreva brevemente o estilo afoxé.
2. Escreva e toque em seu instrumento pelo menos uma levada no estilo afoxé.
3. Quais são os instrumentos mais comuns no estilo afoxé?
4. Quem toca o que no estilo afoxé?
5. Escreva e toque (se possível) algumas opções para diferentes músicos.
6. Descreva brevemente o estilo maracatu.
7. Descreva a variação básica de pulsação/acento encontrada no estilo.
8. Mostre algumas variações desse acento.
9. Como a levada do maracatu pode ser interpretada pelo piano ou teclado?
10. Mostre pelo menos uma combinação de acentos tocados pelo *hi-hat*.
11. Mostre pelo menos uma levada para o contrabaixo.
12. Como o maracatu pode ser usado em combinação com outros estilos? Quais estilos?

---

[13] Por não ter sido ainda adotado por compositores de música popular brasileira, como estilo para canções, não exemplificaremos canções no estilo maracatu neste livro. Consequentemente, não abordaremos como suas orquestrações (e instrumentações) devem ser compostas.

Afoxé blues
(afoxé)

Antonio Adolfo

Frevo, marcha e marcha-rancho

Faixa 92

Frevo é a música de carnaval das cidades nordestinas e é originário da maior delas: Recife. O frevo desenvolveu-se como música de banda de metais e continua a ser até hoje. As bandas tinham uma instrumentação muito parecida com a de bandas militares tradicionais. Seu estilo, porém, é único devido aos elementos adicionais da alegria carnavalesca combinados com um fraseado típico. A marcha e a marcha-rancho, derivadas do frevo, são diferenciadas pelo andamento. Tanto a marcha, quanto a marcha-rancho e também o frevo são, normalmente, escritos em 4/4, embora alguns compositores escrevam em compasso binário. Ritmicamente e melodicamente, esses dois estilos musicais são similares. O frevo é rápido, a marcha tem andamento médio e a marcha-rancho possui andamento lento. Quando nos referimos ao estilo frevo, não podemos nos esquecer de mencionar nomes de compositores como Nelson Ferreira, Capiba, Sivuca, entre outros. O frevo também é uma dança com movimentos bem acelerados. Os dançarinos fazem rápidos movimentos, pulando a partir de posições agachadas, que relembram a dança dos cossacos russos, levantando-se e pulando enquanto balançam um pequeno guarda-chuva (sombrinhas) para frente e para trás. Na verdade, poderíamos pensar: ninguém consegue dançar dessa forma frenética a noite toda. As marchas fornecem boa dinâmica para a festa. Elas desaceleram as coisas um pouco (pelo menos em relação ao frevo) e, dando chance para que todos possam recuperar o fôlego. No final da noite, as bandas tocam marchas-rancho lentas proporcionando aos casais o esperado descanso através da dança menos eufórica. Isso é apenas uma observação pessoal deste autor. Compositores de bossa-nova, como Carlos Lyra, Edu Lobo e Marcos Valle, atraídos pela riqueza desses estilos, compuseram frevos, marchas e marchas-rancho.

Nascimento do Passo (famoso dançarino de frevo)   Cortesia da Secretaria de Imprensa do Estado de Pernambuco

Hermeto Pascoal Foto de Wilton Montenegro

Frevo baiano

Salvador, a capital da Bahia, tem sua própria versão de frevo. Ele é tocado durante o carnaval pelas bandas chamadas de "trios elétricos", pois o primeiro grupo desse tipo era apenas um trio. Hoje em dia, eles são compostos por guitarras elétricas, sintetizadores, contrabaixo, bateria e percussão. Eles tocam ao ar livre, em palcos construídos sobre grandes caminhões que seguem vagarosamente pelas ruas sinuosas de diferentes cidades da Bahia, enquanto "arrastam" enorme multidão dançando e cantando. No frevo da Bahia, melodia e harmonia têm pouca ênfase, enquanto ritmo e volume ditam as regras. Trio elétrico parece um nome apropriado. O carnaval da Bahia é bastante elétrico e o povo das cidades baianas passa a semana inteira dançando sem parar.

Orquestração

Do ponto de vista de união de estilos é possível tocar o frevo e seus derivados com uma instrumentação diferente da instrumentação de bandas de metais originais. Interessante ressaltar que as bandas de metais, apesar das dificuldades, ainda constituem um grupo musical muito influente na música do frevo. Um exemplo disso é a maravilhosa banda Spok Frevo. É possível tocar frevo com um grupo formado por piano ou teclado, violão ou guitarra (para solo e acompanhamento), contrabaixo, bateria, percussão (acrescente surdo, chocalho e/ou pandeiro sem a pele, denominado panderola).

Levadas e dicas

Levada nº 1

Pulsação básica
Acentos

Linha do baixo
Linha simplificada do baixo

Observe como a linha do baixo do frevo é, aparentemente, parecida com a do surdo no estilo samba.

Levada nº 2

Pulsação básica
Acentos

Linha do baixo
Linha simplificada do baixo

Bom para a pandeirola ou para o triângulo.

Levada nº 3

Pulsação básica
Acentos

Linha do baixo
Linha simplificada do baixo

Vejamos como a levada nº 1 pode ser interpretada por diferentes instrumentos.

Piano ou teclado

Faixa 93

C^6_9

Para o piano ou teclado solo é possível combinar a melodia tocada pela mão direita com a linha do baixo ou *walking bass* tradicional tocado pela mão esquerda.

Violão ou guitarra[14]

Faixa 94

Variação para violão ou guitarra usando a técnica de *strumming*.

Faixa 94

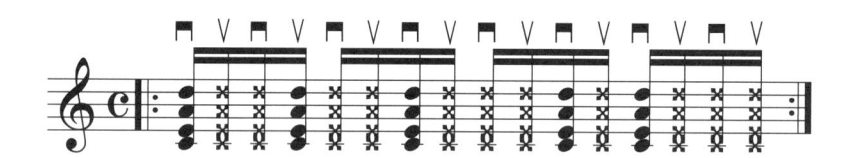

Levada com acentos no contratempo para violão ou guitarra (marcha e marcha-rancho):

Faixa 94

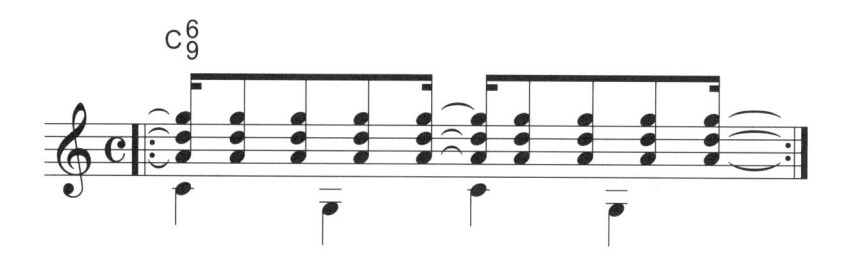

Contrabaixo

Faixa 95

É comum o contrabaixista usar colcheias na segunda metade do compasso:

Faixa 95

---

[14] A guitarra é mais utilizada no frevo.

Bateria

Faixa 96

O rufo da caixa pode ser interpretado através do uso de ambas as mãos com uma leve pressão.

Percussão (chocalhos ou triângulo)

Faixa 97

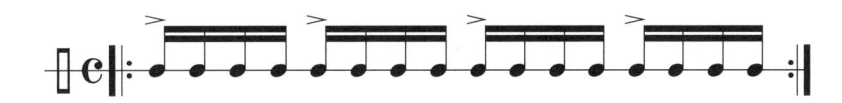

Percussão (instrumentos de acento)

Faixa 97

Percussão (surdo)[15]

Faixa 97

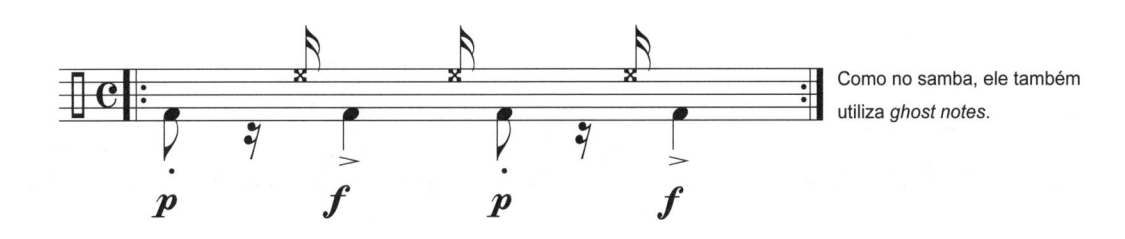

Como no samba, ele também utiliza *ghost notes*.

Fills também são úteis nas passagens entre uma parte e outra da música.

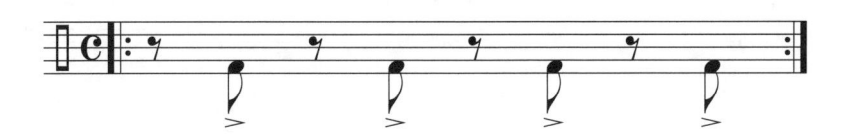

Faixa 98

---

[15] Como no samba, as notas da linha do baixo devem ser tocadas com a primeira nota (p) piano e staccato e a segunda nota, com acento mais forte.

Faixa 99

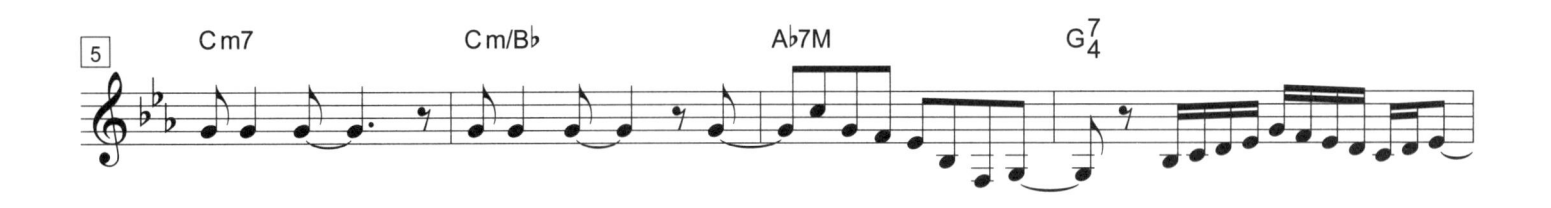

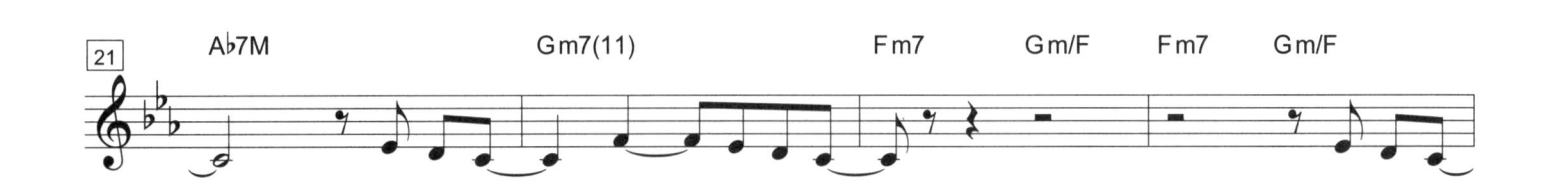

1999
(frevo)

Antonio Adolfo

29
Em7(♭5)/A
A7(♭9)
Dm7
33
B♭7/4(9)
G7/4
G7(♭13)
37
Cm7
Cm/B♭
A♭7M
G7/4
41
Cm7
Cm/B♭
A♭7M
G7/4
45
E♭7M/B♭
E♭7(♯5)/B
A♭7M/C
D♭7(9)
49
E♭7M/B♭
B♭o
B♭7/4(9)
G7/4
Cm

Jackson do Pandeiro

Foto de Wilton Montenegro